DS

DATA SCIENCE

データサイエンス大系

音声・テキスト・画像の
データサイエンス入門

共著／市川治・飯山将晃・南條浩輝

学術図書出版社

本書のサポートサイト

https://www.gakujutsu.co.jp/text/isbn978-4-7806-0716-1/

本書掲載のソースコードをダウンロードできます.
また，本書の正誤情報やサポート情報を掲載します.

■ 本書に登場するソフトウェアのバージョンや URL などの情報は変更されている可
能性があります．あらかじめご了承ください.

■ 本書に記載されている会社名および製品名は各社の商標または登録商標です.

本シリーズの刊行にあたって

大量かつ多様なデータが溢れるビッグデータの時代となり，データを処理し分析するためのデータサイエンスの重要性が注目されている．文部科学省も 2016 年に「数理及びデータサイエンス教育の強化に関する懇談会」を設置し，私自身もメンバーとして懇談会に加わって大学における数理及びデータサイエンス教育について議論した．懇談会の議論の結果は 2016 年 12 月の報告書「大学の数理・データサイエンス教育強化方策について」にまとめられたが，その報告書ではデータサイエンスの重要性について以下のように述べている．

> 今後，世界ではますますデータを利活用した新産業創出や企業の経営力・競争力強化がなされることが予想され，データの有する価値を見極めて効果的に活用することが企業の可能性を広げる一方で，重要なデータを見逃した結果として企業存続に関わる問題となる可能性もある．
> 例えば，データから新たな顧客ニーズを読み取って商品を開発することや，データを踏まえて効率的な資源配分や経営判断をするなど，データと現実のビジネスをつなげられる人材をマスとして育成し，社会に輩出することが，我が国の国際競争力の強化・活性化という観点からも重要である．

そして大学教育において，以下のような数理・データサイエンス教育方針をあげている．

- 文系理系を問わず，全学的な数理・データサイエンス教育を実施
- 医療，金融，法律などの様々な学問分野へ応用展開し，社会的課題解決や新たな価値創出を実現
- 実践的な教育内容・方法の採用
- 企業から提供された実データなどのケース教材の活用
- グループワークを取り入れた PBL や実務家による講義などの実践的な教育方法の採用
- 標準カリキュラム・教材の作成を実施し，全国の大学へ展開・普及

ここであげられたような方針を実現するためには，文系理系を問わずすべての大学生がデータサイエンスのリテラシーを向上し，データサイエンスの手法をさまざまな分野で活用できるために役立つ教科書が求められている．このたび学術図書出版社より刊行される運びとなった「データサイエンス大系」シリーズは，まさにそのような需要にこたえるための教科書シリーズとして企画されたものである．

本シリーズが全国の大学生に読まれることを期待する．

監修　竹村　彰通

まえがき

　本書の執筆をはじめたのは 2022 年である．この年は人工知能 (AI) の重要な転換点として後世に記憶されることだろうと予想している．この数年間に盛り上がった AI ブームもそろそろ落ち着くかと思われていた矢先に，さらに天井を突き破るブレイクスルーが生まれたからである．具体的には，ChatGPT, Stable Diffusion そして Whisper の登場である．

　これまでの常識的な教師あり学習では，分析したい対象ごとに，入力するデータとそれとペアになる正解データを用意し，モデルを学習してきた．実際のところ，本書はそれを到達目標として執筆している．この方式では，正解データを用意する必要があるため，学習データの量は自然と制限を受けるのが常識であった．ところが，GPT-3 や wav2vec2 など，近年登場した新しい方式では，自己教師あり学習という正解データを必要としない方式を採用している．したがって学習データの量に上限はなく，たとえば人間が一生かかっても見聞きできないほどの量のデータを学習させることができる．そうして出来上がった機械学習モデルには，データの潜在表現が埋め込まれているとみなされるようになった．それを出発点として教師あり学習モデルや生成モデルを構築するのである．ここで，潜在表現とは人間が目にする表層的なデータ表現の裏にある概念のようなものである．すなわち，想像を超えるような大量のデータを煮つめた先には，人間だけが獲得できると信じられてきた概念や常識があったのである．

　この最先端の AI を中心に，これから，激動の，そしてワクワクする時代がやってくるだろう．この波に乗り遅れてはならない．この波は仕事の進め方や社会のあり方を激変させる．また，芸術分野にも波及するだろう．そして何より忘れてはならないのは，この波は，テキスト，画像，音声データで構成されているということである．すなわち，本書が対象とするデータである．

　本書を学習することは，そんな最先端の AI へ進むための最初の一歩である．本書は滋賀大学データサイエンス学部の 2 年生向けの講義に即して作られている．それまで，数値データや分類データを中心に勉強してきた学生が，この講義で初めて音声，テキスト，画像データの基本的な処理を学習するという位置づけとなっている．

　本書は音声（1 章〜5 章），テキスト（6 章〜10 章），画像（11 章〜15 章）の 3 パートから成っている．興味に合わせて好きな順序で読んでほしい．パートごとに，データの読み書き，データの加工，特徴量の生成，基本的な機械学習をカバーする構成となっている．すべて Python を用いた実習形式となっているので，読者は実際に手を動かして体験してほしい．読み流すことと体験することでは学習効果が全く異なるということを実感するだろう．

　最後に，本書の作成にあたって，学術図書出版社の貝沼稔夫氏には大変お世話になった．ここに感謝の意を表する．

2024 年 2 月

著者を代表して　市川 治

目　　次

第 *0* 章

音声・テキスト・画像データの特徴

本章の目標
● 音声・テキスト・画像データが，ほかの一般的なデータとどのように違うのかを知る．

0.1 構造化データと非構造化データ

一般的にデータというと数値のデータを思い浮かべることが多いだろう．しかし，企業や自治体など組織が扱うデータには，音声，画像，テキストといった数値以外のデータもある．

数値データであれば，図 0.1 の左に示すように，表形式で表現できるデータとして与えられるのが普通であるので，その大小が何の意味を表現しているかは，列名や行名を見れば自ずと明らかである．このタイプのデータを**構造化データ**とよぶ．

一方で，図 0.1 の右に示すようなデータは，**非構造化データ**とよばれていて，人間には何らかの意味が見えたとしても，コンピュータで分析する際には必要な処理をしないと意味が見えてこない．

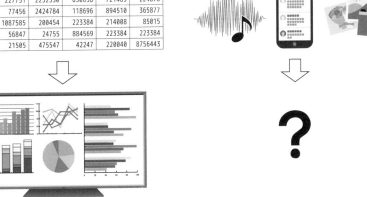

図 0.1　構造化データと非構造化データ

0.2 本書の目的

音声データ，テキストデータ，画像データは代表的な非構造化データである．本書ではこれらのデータの基本的な分析手法を学ぶ．

非構造化データの分析を行うには，対象の特徴が表れやすくなる形式にデータを変換する必要がある．たとえば，音声データは音波の振動をサンプリングして記録したものであるが，その記録の1点1点の数値は単独では意味を成さない．スペクトルデータに変換して初めてデータの特徴が見えてくる[1]．同様に，画像データも，画素の1点1点の数値は単独では意味を成さない．フィルタ操作，あるいは深層学習の下位層で特徴を取り出すことが最初のステップである．テキストデータは，文字コードが連続的に記録されたものであるが，1個1個の文字のコードを単独で観察しても文意は見えてこない．単語単位に変換し，文に含まれる単語ベクトルを列挙することで，分析や機械学習をはじめることができる．このようにして，データが特徴量へ変換されれば，統計的な分析を行って対象の特徴を議論したり，教師なしの機械学習を行って対象データに内在する構造を明らかにしたり，教師ありの機械学習を行って推論を行うことができるようになる．

0.3 音声・テキスト・画像データの融合

複数の種類のデータを同時に入力する機械学習をマルチモーダルとよぶ．たとえば，人の発声を分析するときに，音声データだけでなく表情やジェスチャーの画像データも入力することが行われる．また，先進的なAIでは，画像を入力してそれを説明するテキストを生成したり，テキストを入力して対応する画像を生成したりすることができる．音声・テキスト・画像データは，基本的に現実世界との対応をもっているので，互いに融合していくことは自然な流れである．たとえば，「犬」などの物体は音声でもテキストでも画像でも表現することができる．同様に「嬉しい」などの感情も，それぞれのデータで表現できる．しかしながら，本書は入門書であるので，3種のデータの融合にまでは立ち入らない．

章 末 問 題

0-1 データには，構造化データと非構造化データがある．**構造化データであるもの**を下の選択肢から1つ選べ．

〔ア〕6年1組の生徒各人の名前と体重を表にしたものを撮影した画像データ

〔イ〕6年1組の生徒各人の名前と体重を「花子さんは40 kg，太朗さんは55 kg，…でした．」のように作文風に記述したテキストデータ

〔ウ〕6年1組の生徒各人の名前と体重を「花子さんは40 kg，太朗さんは55 kg，…でした．」のように読み上げた音声データ

〔エ〕6年1組の生徒各人の名前と体重をエクセルの表に記入したデータ

---

[1] 先進的な深層学習では，波形データを入力とすることもできるが，下位の層で特徴へと変換していると考えられる．

第 **1** 章

音声データの概要

── 本章の目標 ──
- 音声データの活用事例を知る.
- 音声ファイルの基本的な構造を理解する.
- パソコンを使った音声ファイルの録音・再生の方法を理解する.

1.1 音声データの活用事例

　図1.1に示すように,音声データは現実の世界のいたるところで観測される.そして,それらの音声は何らかの意味を伴っていることに気が付くだろう.言葉を話せない鳥も,鳴き声を使って仲間に危険を伝えることができる.歩行者は,自動車の接近に音で気が付く.医師は,呼吸音や心音から患者の身体の異変に気が付く.音声データをうまく活用して価値に変えていく,そういうプロセスが重要である.

人間の発声　　　　　　　　発声以外

環境音　　　　　　　　楽音

図 1.1　音声データのいろいろ

以下の小節では，具体的な音声データの活用事例を見ていこう．

音声認識

スマホなどを用いて，インターネットの検索語を声で入力する場合，入力は音声データ，そして，出力は対応する単語列となる．この変換の仕組みが音声認識である[1]．

図 1.2 に示すように，音声認識は内部的に音響モデルと言語モデルという 2 つのモデルが入っている．ここで，モデルとは大量のデータを学習させたもので，新たな入力が与えられると，すでに学習済みの特徴とのあてはまりの良さを出力することができる．音響モデルは，入力した音声のフレームごとの特徴量をみて，音素[2]ごとにモデルとのあてはまりの良さを推定する．言語モデルは，音声認識結果の候補 1 つ 1 つについて，その単語並びの出現のしやすさを推定する．これら 2 つのモデルの協調動作で，音声データは，対応する単語列へと変換される．近年では，これら 2 つのモデルを一体化した End-to-End モデルが使われるようになってきた．

人間が発声した音声データを対応するテキスト（単語列）へ変換する．

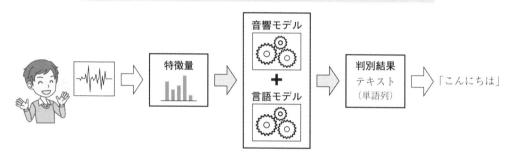

図 1.2　音声データの活用事例：音声認識

話者認識

話者認識では，話している内容ではなく，入力した音声データが誰の声なのか，という判別が出力となる．図 1.3 に示すように，この分類器の中には，登録した本人の声のモデルと，ほかの人の声のモデルが入っている．音声データを入力し，発声者が本人である確率と，他者である確率を比較して，判別結果を出力する．話者認識には話者照合と話者識別の 2 つのタイプがあり，話者照合は発声者が本人であるかどうかを判別するもので，話者識別は発声者が登録話者のうち誰であるかを判別するものである．

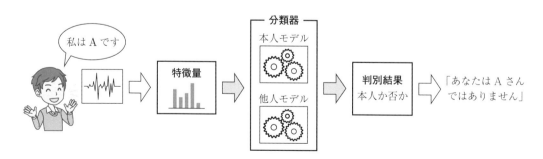

図 1.3　音声データの活用事例：話者認識

---

[1] Speech-To-Text (STT) ともよばれる．
[2] 音素とは，発音記号で表現できるような発音の単位である．母音や子音などから構成されている．

▌音声感情認識▐

図 1.4 に示すように，音声データを入力し，「喜んでいる」「怒っている」といった感情の分類を推定することも行われる．分類は「平静」や「悲しみ」を含む 4 状態や 5 状態とすることが多い．

音声の情報だけだと精度が十分ではないので，話した内容と合わせて判断することもある．コールセンターなどで，お客様にきめ細かいサポートを行うための一助とすることが期待されている．

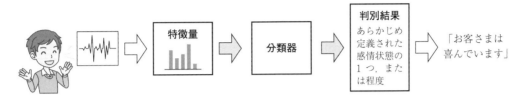

図 1.4 音声データの活用事例：音声感情認識

▌異常音検知▐

可動部分がある機械では，故障が起きたとき，あるいは故障が起きる前兆として，異常な音や振動が発生することがある．図 1.5 に示すように，正常稼働時の音や振動の特徴量を学習させたモデルを用いて，現在の入力の特徴量が，そのモデルから逸脱していないかをチェックすることが行われる．大きく逸脱していれば，異常が発生した，あるいは，もうすぐ異常が発生するということを判定できる．また，機械が発する音を受動的に観測するのではなく，打診棒で積極的に機械を叩いて，その打音を観測し，ひび割れなどの異常がないかを判定することも行われている．

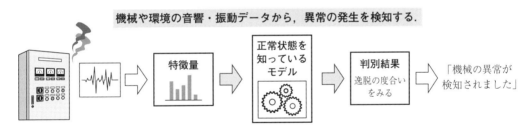

図 1.5 音声データの活用事例：異常音検知

▌音声合成▐

音声認識とは逆のプロセスで，テキストデータを入力し音声データを出力するものがテキスト音声合成である[3]．テキストデータから韻律や話速や音素列を予測するフロントエンドモデルと，それらの情報を元に音声の波形データを出力するバックエンドモデルから構成される．近年では，これら 2 つのモデルを一体化した End-to-End モデルが使われるようになってきた．

また，ある人の音声データを入力して，ほかの人の音声に変換する技術は，ボイスチェンジャーとして知られている．声質変換ともよばれる．

---

[3] Text-To-Speech (TTS) ともよばれる．

▌音楽分野での応用▐

前述のテキスト音声合成において，韻律や話速を楽譜に合わせれば，ボーカロイドとして知られる歌声音声合成となる．これを含め，音楽分野ではさまざまな応用がある．楽曲の一部のフレーズの音声データを入力し，楽曲の名前やジャンルを予測する楽曲名検索や楽曲ジャンル検索，入力した楽音をそれぞれの楽器の音に分離する楽音分離，既存のアーティスト風の曲を作曲する自動作曲の技術が知られている．

▌アコースティックイメージング▐

動物のコウモリは真っ暗な状況でも飛行することができる．これは，自分が発した音声（超音波）の反射音を観測することで，外界の状況を知覚することができるからである．医療分野においても，超音波の反射音により体内を可視化することが行われており，エコー検査とよばれている．また，潜水艦で使用されるアクティブソナーや，漁船が使用する魚群探知機も，反射音を利用している．

1.2　音声データの構造

音声データは，どのような形式のデジタルデータとして保存されるのか見ていこう．マイクロフォンを使って観測される音声は，図 1.6 に示すように波の形をしてる．アナログの音声信号としてはこのような連続した値である．横軸は時間であり，縦軸は音波の瞬時の強さであって振幅を表す．

これを AD 変換器というものを通してデジタルデータに変換する．この処理においては，時間方向に，たとえば 1 秒間に 1 万 6 千回といった極めて速い間隔で，振幅値を採取し，それをデジタルデータ，すなわち数字に変換するのである．これらの数値を時間方向に並べたものが波形データである．このデータを圧縮をせず，そのまま保存したものがパルス符号変調データであって，PCMデータともよばれる[4]．

PCM データのままだと，そのサンプリング周波数や保存時の数値の型がわからないので，音声を再生する際には困る．そこで，そういった情報をヘッダーとして PCM データの先頭に付加して

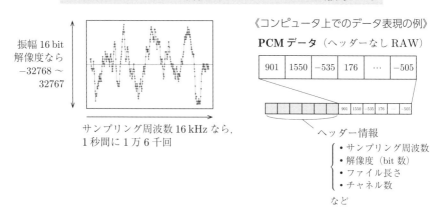

PCM データにヘッダーを付けたファイルが WAVE 形式データ

振幅 16 bit
解像度なら
−32768 〜
32767

サンプリング周波数 16 kHz なら，
1 秒間に 1 万 6 千回

《コンピュータ上でのデータ表現の例》

PCM データ（ヘッダーなし RAW）

| 901 | 1550 | −535 | 176 | ⋯ | −505 |

ヘッダー情報
- サンプリング周波数
- 解像度（bit 数）
- ファイル長さ
- チャネル数
など

図 1.6　音声データの表現（波形データ）

---

[4] 音声データは巨大になることが多いので，データを圧縮してファイルサイズを小さくすることが多い．MP3，M4A，AAC は圧縮を使う保存形式の例である．

保存することが多い．これが wave 形式のデータである[5]．

　実は波形データをそのまま眺めていても，意味のある性質はなかなか見えてこない．図 1.7 の上段に示す図を見たことがある人も多いのではないだろうか．声の紋様を表すことから「声紋」とよばれることもあるが，スペクトログラムが正式な名前である．周波数ごとに，そして時間方向に，色の濃い部分と色の薄い部分を見て取ることができる．色の濃い部分は，そこに大きな音声パワーがあることを表している[6]．実は，どの周波数に大きな音声パワーが集まっているかを眺めれば，その音が何の音であるかがわかるのである．この周波数ごとの音声パワーを，数値として周波数方向と時間方向に並べたものをスペクトルデータとよぶ．

　図 1.7 の下段に，スペクトルデータを生成する処理の流れを示した．まず，波形データを時間軸方向に，たとえば 1 秒間に 100 回といった単位でデータを区切る．この単位をフレームとよぶ．次に，フレームごとに切り出されたデータをフーリエ変換し，周波数ごとの成分に変換する[7]．周波数ごとの成分がスペクトルデータである．これは厳密には sin 成分と cos 成分のある複素スペクトルである．さらに振幅やパワーをとったものを振幅スペクトルやパワースペクトルとよぶが，簡単に表記するために，本書ではこれらもスペクトルデータとよんでいる．

　機械学習や分析処理の入力を特徴量とよぶ．スペクトルデータは，フィルタバンクなど追加の処理を施した後に特徴量として使用される[8]．

　さて，ここまで「周波数」という言葉が繰り返し出てきたが，いろいろな場面で使われるので，初学者は混乱しやすい．波形データのサンプリングが 1 秒間に何回行われるかというサンプリング周波数のことでもあるし，スペクトログラムの縦軸という意味の周波数のこともある．さらに，音声は複数の周波数の音の組合せとして表現できることを 4.2 節で学ぶが，そこでは成分ごとの周波数という意味で使われるので，注意してほしい．

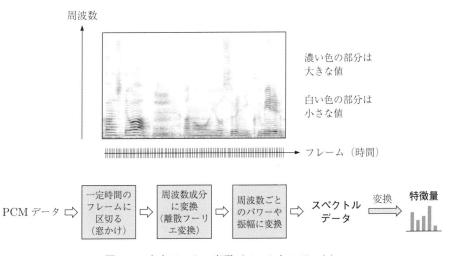

図 1.7　音声データの表現（スペクトルデータ）

---

[5] wave 形式のファイルは，拡張子が.wav となっている．
[6] 信号処理の分野では振幅の 2 乗平均値をパワーとよんでいる．
[7] フーリエ変換については 3.2 節で説明する．
[8] フィルタバンクについては 4.2 節で説明する．

1.3　パソコンによる音声データの録音・再生

　多くのノートパソコンには，マイクロフォンとスピーカが標準で搭載されているので，音声を録音しそれをファイルに保存したり，保存されている音声ファイルを再生して内容を確認することができる．

　録音や再生を行うためにはアプリケーションが必要である．無料のツールとしては Audacity や SoX が挙げられる．特に SoX は録音・再生だけでなく，指定区間の切り出しやサンプリング周波数の変更や保存形式の変更などを行うことができる便利なツールで，「音声データ加工の七徳ナイフ」ともいわれており，お薦めである．

　SoX は，ターミナル（コマンドプロンプト）上で動作するシンプルなツールである．元々は Linux に含まれるツールであったが，Windows で動作するバージョンも配布されている．sourceforge で配布されているので，ダウンロードしよう[9]．ダウンロードしたファイルを実行し，メッセージに従って OK を押して行けばインストールを完了できる．

■ **Note**　この実習を行う際には，Windows の OneDrive の同期機能を一時的に停止しておくことをお勧めする．

SoX を使ってみる

　以下，Windows のパソコンを例にとり，SoX の実習を行おう．コマンドプロンプトを開いて，以下のようにタイプして Enter キーを押す．作業用のフォルダを作成し，そこへ移動することができる．

```
md C:¥work
cd C:¥work
```

■ **Note**　ここでは，作業用のフォルダを C:¥work としているが，適宜変更して構わない．

■ **Note**　パソコンでは，半角の ¥ 記号と半角の \ 記号は同じものである．
　Windows 11 からコマンドプロンプトにおいて，フォルダ区切りは \ 記号で表示されるようになった．半角の \ 記号は，日本語入力モードオフの状態で，キーボードの ¥ 記号を押すことで入力できる．
　本書では，引き続きフォルダ区切りを ¥ 記号で表記するが，適宜 \ 記号に読み替えてほしい．

　次に音声を録音をしてみる．次のようにタイプして Enter キーを押す[10]．

```
"C:¥Program Files (x86)¥sox-14-4-1¥sox.exe" -d -r 16000 -c 1 -b 16 -t wav speech.wav
```

　プログラムが起動したら録音が始まっている．パソコンのマイクロフォンに向かって何か発声しよう．発声内容は「あ～」や「テスト」でも構わないが，ここで録音したファイルを後で実習に使う関係で，発声の冒頭に 1 秒間くらいの沈黙（何も話さない状態）を入れてから発声してほしい．録音データは，コマンドの末尾に指定されている speech.wav というファイル名で保存される．発声が完了して 1 秒間くらいの沈黙を入れてからプログラムを止める．プログラムを終了させるには，Ctrl

---

[9] 2023 年 2 月現在，こちらの URL からダウンロードできる．
https://sourceforge.net/projects/sox/
本書執筆時はバージョン 14.4.1a を使用した．14.4.2 では録音・再生に不具合を経験した．過去のバージョンはメニューの "Files"，"SoX" で見つけることができる．

[10] ここで SoX のインストール先のフォルダ名を指定しているが，自分の環境に合わせて正確に入力してほしい．エラーになる場合，半角スペースがなかったり，二重引用符"を忘れたりというミスが多い．エクスプローラで SoX のファイルを見つけて，アドレスバーからパス名をコピーし，コマンドプロンプトで貼り付けるようにするとミスが減る．

キーを押しながら C キーを押す.

■**Note**　ここでは, フォルダ C:¥Program Files (x86)¥sox-14-4-1 に sox.exe がインストールされていることを想定している. 異なるフォルダにある場合には, 適宜タイプするパス名を変更する必要がある.

　sox コマンドには多くの引数が並ぶので, わかりにくいかもしれないが, 前半が入力, 後半が出力と分けて考えればよい. すなわち

sox　[**入力のオプション (複数可)**] [**入力のファイル名**] [**出力のオプション (複数可)**] [**出力のファイル名**]

という構造になっている. ファイル名の代わりに-d を指定するとマイクロフォンやスピーカといったデバイスとなるので, 録音や再生を行うことができる. 今回指定したオプションについて説明すると, -r はサンプリング周波数, -c はチャンネル数 (1 はモノラル, 2 はステレオ), -b は何ビットで振幅を表現するかという値である. -t は音声ファイルの形式を指定するオプションで, -t　wav は wave 形式を表す.

　次に, 録音したファイルを再生して聞いてみよう. 次のようにタイプして Enter キーを押す.

```
"C:¥Program Files (x86)¥sox-14-4-1¥sox.exe" -t wav speech.wav -d
```

　もし音が聞こえなければ, スピーカがミュートの設定になっていないか, あるいは録音時にマイクロフォンがミュートの設定になっていなかったか, サウンドの設定で確認しよう.

　次に録音したファイルの一部を切り出して, 別のファイルとして保存してみよう. 先ほど録音した speech.wav には, 先頭に 1 秒ほどの沈黙を入れたので, 先頭 1 秒間を切り出して, silence.wav というファイルに保存しよう. 次のようにタイプして Enter キーを押す.

```
"C:¥Program Files (x86)¥sox-14-4-1¥sox.exe" -t wav speech.wav silence.wav trim 0.0 1.0
```

　次に録音したファイルのサンプリング周波数を変更して, 別のファイルとして保存してみよう. 先ほど録音した speech.wav は, 16 kHz のサンプリング周波数で録音した音声ファイルであるので, これを 8 kHz にダウンサンプリングし, speech.8k.wav という名前で保存しよう. 次のようにタイプして Enter キーを押す.

```
"C:¥Program Files (x86)¥sox-14-4-1¥sox.exe" -t wav speech.wav -t wav -r 8000
speech.8k.wav
```

　最後に, 保存された wave ファイルのヘッダー情報を読み出し, そのファイルのサンプリング周波数やチャンネル数などの情報を取得しよう. 次のようにタイプして Enter キーを押す.

```
"C:¥Program Files (x86)¥sox-14-4-1¥sox.exe" --i speech.8k.wav
```

　Sample　Rate　:　8000 と表示されていれば, 前述のダウンサンプリングは成功している.

■**Note**　同様に, speech.wav ファイルについてもチェックしておこう. このファイルが 16 kHz でサンプリングされ, モノラル音声であって, 16 ビットの解像度であることが, 次の章以降の演習での前提となる.

章 末 問 題

1-1　音声データのコンピュータ上での表現や処理について，**誤っている**ものを次の選択肢から 1 つ選べ．

〔ア〕1 秒間に 1 万 6 千回サンプリングされた波形データをスペクトルデータに変換すると，周波数ごとの成分を並べた組が，1 秒間に 1 万 6 千回得られるのが普通である．

〔イ〕音声信号の振幅を時間方向に並べたデータを波形データという．

〔ウ〕音声パワーや振幅の周波数ごとの成分を，数値として時間方向に並べたものをスペクトルデータとよぶ．

〔エ〕1 秒間に何万回といった極めて速いサイクルで，音波の振幅を採取して，デジタルデータに変換することをパルス符号変調とよぶ．

1-2　音声データの活用事例の記述について，**誤っている**ものを次の選択肢から 1 つ選べ．

〔ア〕発声を入力し，その音が登録した複数の人の誰であるかを判別する技術を話者識別とよぶ．

〔イ〕発声を入力し，その音が登録した本人の声であるかどうかを判別する技術を話者照合とよぶ．

〔ウ〕発声を入力し，何語で話されたかを判別する技術を音声認識とよぶ．

〔エ〕通常とは違う音が入力されたときに，それを検知して報告する技術を異常音検知とよぶ．

1-3　以下の SoX ツールのコマンドについて，**誤っている**ものを次の選択肢から 1 つ選べ．

```
"C:¥Program Files (x86)¥sox-14-4-1¥sox.exe" -d -r 8000 -c 2 -b 16 -t wav test.wav
```

〔ア〕-r 8000 は，サンプリング周波数 8 kHz を表す．

〔イ〕-c 2 は，モノラル音声（1 チャンネル音声）であることを表す．

〔ウ〕-t wav は，ファイルが wave 形式であることを表す．

〔エ〕-d はデバイスを表し，これがファイル名 test.wav よりも前にあるということは，デバイスが入力側，すなわちマイクロフォンから音を取得することを表している．

第 2 章

音声データの基本的な処理

本章の目標

Python を使って以下の処理を行えるようにする.

- 音声ファイルの入出力と簡単な加工を行う.
- 音声ファイルのパワーの時系列を得る.
- 音声ファイルの発話区間を推定する.
- 音声ファイルの SN 比を算出する.

2.1 音声データの入出力

プログラミング言語の Python を用いて, 音声ファイルを読み書きしてみよう. 本書では Python は 3.x 系のバージョンを使用する. Python を手持ちのパソコンにインストールする際には, 単体でインストールするよりも, Anaconda というパッケージをインストールすることをお勧めする[1].

Anaconda をインストールすれば, SciPy, NumPy, Matplotlib, Pandas, scikit-learn といったよく使われるライブラリが同時にインストールされるので便利である. 以下の実習において import 文がエラーになるときは, そこに書かれているライブラリがインストールされていないことが疑われる. その場合は conda コマンドや pip コマンドを使用して必要なライブラリをインストールしてほしい.

┃wave ファイルの読み込み▓

まず, 1.3 節で録音したファイル (speech.wav) を Python プログラムで読み込んでみよう. ソースコード 2.1 を入力して実行しよう.

■Note ソースコードでは, 音声ファイルの存在するフォルダを C:¥work と想定しているが, そうでない場合にはソースコードの該当部分を変更する必要がある.

なお, Python プログラム上では, フォルダ (ディレクトリ) の区切り文字は / (スラッシュ) を使用する. したがって, C:¥work のフォルダは C:/work と表記される.

ソースコード 2.1　wave ファイルの読み込み

```
1 from scipy.io.wavfile import read
2
3 wavefile = "c:/work/speech.wav"
4 sampling_rate, data = read(wavefile)
```

---

[1] あるいはクラウドベースの開発環境である Google Colaboratory を使用してもよい.

```
5
6  # サンプリング周波数の確認
7  print (sampling_rate)
8  # data の配列のサイズの確認
9  print (data.shape)
```

```
16000
(81136,)
```

　SciPy ライブラリの read 関数により読み出された音声データは，波形データとして変数 data に格納される．data.shape を print してデータサイズをチェックする．上記の出力値は各自が録音した音声データにより異なるが，1 次元の配列であることがわかる．

▊ 波形データの可視化 ▊

　次に Matplotlib ライブラリを使って，波形データを可視化する．ソースコード 2.1 の続きとして以下を実行しよう．

ソースコード 2.2　波形データの可視化

```
1  import matplotlib.pyplot as plt
2  import numpy as np
3
4  # 時間方向のラベル x を作成
5  length = data.shape[0]
6  x = np.array(range(length))/sampling_rate
7  # 波形データを描画
8  plt.xlabel('Time(s)')
9  plt.ylabel('Magnitude')
10 plt.plot(x, data, color='navy')
11 plt.show()
```

　実行すると，波形データである変数 data が plot 関数に渡されて図 2.1 のような図が出力される[2]．ただし，実際に描かれる波形は各自が録音した音声データにより異なる．

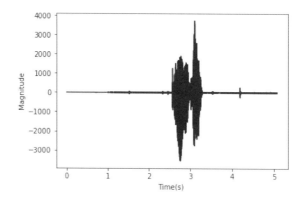

図 2.1　Python で可視化した波形データ

---

[2] Jupyter Notebook を使用していて画像が描画されず，〈Figure size 640x480 with 1 Axes〉のような出力となる場合には，プログラムの import 文の下に %matplotlib inline という行を入れると解決することがある．

波形データの加工

次に，簡単な波形データの編集を行ってみよう．目標は図 2.2 のような波形データを作成することである．ソースコード 2.1, 2.2 の続きとして以下を実行しよう．

ソースコード **2.3** 波形データの加工

```
1  # 振幅を半分にした波形データを作成する
2  small_data = np.array(data/2, dtype='int16')
3  # それを元のデータの末尾に追加する
4  new_data = np.hstack((data, small_data))
5
6  # 新しく作成した波形データのサイズを確認
7  new_length = new_data.shape[0]
8  # 時間方向のラベル x を作成
9  x = np.array(range(new_length))/sampling_rate
10 # 波形データを描画
11 plt.xlabel('Time(s)')
12 plt.ylabel('Magnitude')
13 plt.plot(x, new_data, color='navy')
14 plt.show()
```

NumPy の **array** 関数により配列 (ndarray) の新規のインスタンスを変数 **small_data** として作成した．その際に **data** の振幅を半分にした波形データ (**data/2**) を初期値とし，型を 16 bit の整数型とした．元の波形データの型に合わせている．**hstack** は横方向に配列データを積み重ねる．ここでは音声信号の振幅のサンプルが時系列的に横に並んでいると見る．

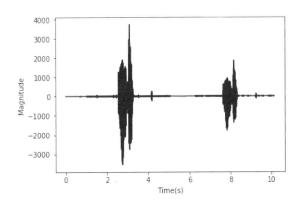

図 2.2 波形データの振幅を半分にしたものを元の波形データに結合

wave ファイルの書き出し

加工済みの波形データ **new_data** をファイルに保存しよう．ファイル名は new_speech.wav とする．ソースコード 2.1, 2.2, 2.3 の続きとして以下を実行しよう．

ソースコード **2.4** wave ファイルの書き出し

```
1  from scipy.io.wavfile import write
2
3  new_wavefile = "c:/work/new_speech.wav"
4  write(new_wavefile, sampling_rate, new_data)
```

SciPyライブラリの`write`関数により，波形データがファイルに保存される．保存されたら，`sox`コマンドで音を聞いてみよう．1.3節で実習したように，コマンドプロンプトを開き，作業用のフォルダ (`C:¥work`) へ移動し，次のコマンドを実行する．

```
"C:¥Program Files (x86)¥sox-14-4-1¥sox.exe" -t wav new_speech.wav -d
```

2.2　音声パワーの取得

音声データのパワーを時系列として求めよう．目標は，図2.3のように時間方向の音量の変化を表示することである．発声などの音声イベントがある区間は大きな音声パワーがあると考えられるので，横軸に時間をとり音声パワーの時系列を表示すれば，どこで音声イベントが発生しているのかを見て取ることができる．

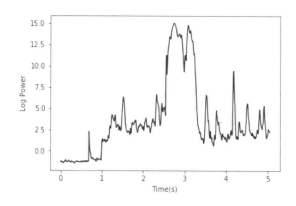

図 2.3　音声データのパワーの時系列

音声パワーは，1秒間に数十〜数百回の頻度で計算すればよい．ここで使用するソースコードでは，1秒間に100回の頻度で波形データを切り出している．この単位をフレームとよぶ．以下の式のように，フレームごとにパワーを計算し，時間方向に並べれば，所望の時系列データを得ることができる．

音声の波形データを $x(i)$ とする．i は時間方向に付与されたサンプル番号である．t 番目のフレームについて波形データを切り出して $\hat{x}$ に格納する．

$$\hat{x}(d,t) = x(tS+d) \tag{2.1}$$

ここで，d は切り出されたフレームの中でのサンプル番号で0からフレームサイズ $D-1$ までの値をもつ．S はフレームシフトの量である．図2.4に示すように，フレームを切り出す際には，フレームの端が前後のフレームと少し重なるようにとる．

次にフレームごとに振幅の2乗平均を求める．これが求めるパワーとなる．ただし，マイクロフォンによっては直流成分が混入していることがあるため，2乗をとる前に次式で求められるフレームごとの平均 $\bar{x}$ を差し引いておく．

$$\bar{x}(t) = \frac{1}{D} \sum_{d=0}^{D-1} \hat{x}(d,t) \tag{2.2}$$

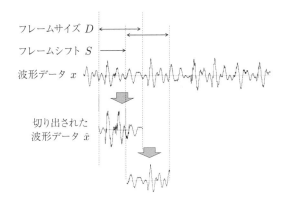

フレームサイズ D
フレームシフト S
波形データ x
切り出された
波形データ $\hat{x}$

図 2.4 音声データの切り出し

パワーの変動幅はとても大きく，可視化の際に扱いにくいので，ここではパワーを求めた後にさらに対数をとり，対数パワー z として求める．

$$z(t) = \log\left(\frac{1}{D} \sum_{d=0}^{D-1} (\hat{x}(d,t) - \bar{x}(t))^2\right) \tag{2.3}$$

■**Python で音声パワーの時系列を求める** ■

Python を用いて，音声パワーの時系列を実際に求めてみよう．まず，音声ファイルを読み込み，フレームの定義を行い，波形データを可視化するところまでを行う．ソースコード 2.5 を入力して実行しよう．

ソースコード 2.5 波形データの読み込みとフレーム定義

```
1  from scipy.io.wavfile import read
2  import matplotlib.pyplot as plt
3  import numpy as np
4
5  # 波形データの読み込み
6  wavefile = "c:/work/speech.wav"
7  sampling_rate, data = read(wavefile)
8  wav_length = data.shape[0]
9  # フレームの定義
10 frame_shift = int(sampling_rate/100)   # 160
11 frame_size = int(sampling_rate/100*2) # 320
12 frame_length = (wav_length - (frame_size - frame_shift)) // frame_shift
13 # フレーム定義の確認
14 print (frame_length, wav_length, frame_length*frame_shift)
15
16 # 波形の確認
17 x = np.array(range(wav_length))/sampling_rate
18 plt.xlabel('Time(s)')
19 plt.ylabel('Magnitude')
20 plt.plot(x, data, color='navy')
21 plt.show()
```

今回は 1 秒間に 100 回の頻度で波形データを切り出すようにフレームを定義している．1.3 節で録音した音声ファイルのサンプリング周波数は 16 kHz なので，フレームシフト (`frame_shift`) は 160，フレームサイズ (`frame_size`) は 320 となる．`wav_length` は，読み込んだ波形データの長さ（サンプル数）である．一定の長さとシフト量でフレームを設定していくと，末尾にフレームサ

イズに満たない半端なデータが残るが，これは捨てている．このように設定したフレームの総数が
frame_length に入っている．

　次に式 (2.1)，(2.2)，(2.3) を適用して，フレームごとの対数パワーを求める．ソースコード 2.5
の続きとして以下を実行しよう．

ソースコード **2.6**　音声パワーの計算[3]

```
1  zp = np.zeros(frame_length)
2  z = np.zeros(frame_length)
3  xh = np.zeros(frame_size)
4  for t in range(0, frame_length):
5      for d in range(0, frame_size):
6          xh[d] = data[t*frame_shift+d]
7      x_mean = 0.0
8      for d in range(0, frame_size):
9          x_mean += xh[d]
10     x_mean /= frame_size
11     for d in range(0, frame_size):
12         zp[t] += (xh[d]-x_mean)*(xh[d]-x_mean)
13     zp[t] /= frame_size
14     z[t] = np.log(zp[t])
```

xh が式 (2.1) の $\hat{x}$，x_mean が式 (2.2) の $\bar{x}$ である．zp が音声パワー，z が対数の音声パワーの時系
列である．ソースコード 2.5，2.6 の続きとして以下を実行し，z を可視化しよう．

ソースコード **2.7**　音声パワーの可視化

```
1  # x 時間方向のラベルを作成
2  x = np.array(range(frame_length))*frame_shift/sampling_rate
3
4  plt.xlabel('Time(s)')
5  plt.ylabel('Log Power')
6  plt.plot(x, z, color='navy')
7  plt.show()
```

　図 2.3 のようなグラフが出力されたと思う．もちろん録音した音声ファイルによって形状は異な
るが，発声したと思われる部分の音声パワーが上昇しているグラフになっていれば OK である．

　音声パワーの系列は，そのままではギザギザしていて大局的な変動をとらえにくい．そこで移動
平均をとり平滑化を行う．ソースコード 2.5，2.6，2.7 の続きとして以下を実行しよう．

ソースコード **2.8**　音声パワーの平滑化

```
1  num_average = 11 # 移動平均の項数
2  width = (num_average-1)//2
3  z_sma = np.zeros(frame_length)
4  for t in range(0, frame_length):
5      count = 0
6      for i in range(-width, width+1):
7          if (t+i) >= 0 and (t+i) < frame_length:
8              z_sma[t] += z[t+i]
9              count += 1
10     z_sma[t] /= count
11
```

---

[3] Numpy のスライスや関数を使用すれば，もっと高速に動作するが，ここでは数式との対応がわかるように for 文の
ループを使用した．

```
12  # 表示する．ラベルは作成済み
13  plt.xlabel('Time(s)')
14  plt.ylabel('Log Power')
15  plt.plot(x, z_sma, color='navy')
16  plt.show()
```

録音した音声ファイルによって形状は異なるが，図 2.5 のようなグラフが出力されたと思う．「閾値」などの文字は後で参照するので今は無視してよい．平滑化することによって，音声パワーの変化が見やすくなった．

2.3 発話区間の推定

平滑化したパワー系列を見ると，時系列のどの区間で発話しているかを推定できる．発話区間を推定する技術を Voice Activity Detection (VAD) とよぶ．VAD は，パワーを根拠にする方式と音声らしさを根拠にする方式がある．この節では前者について学ぶ．後者は 5.1 節で学ぶ音声データの分類問題として構成することができる．

図 2.5 を見てみよう．平滑化したパワーの時系列で，ある閾値よりも大きい区間を発話区間とすればよいことがわかる．閾値は環境により適切な値を設定する．静かな環境で近くのマイクロフォンに対して明瞭に発声するのであれば大きな値でよいし，騒々しい環境で遠くのマイクロフォンに対して発声するのであれば，閾値は小さく設定しなければならないだろう．だが，閾値を下げれば誤って報告される発話区間も増加する．

入力される音声データのパワーは，マイクロフォンのゲイン（ボリューム設定）により増減する．固定の閾値ではこれに対応できないので，ちょっとした工夫を行う[4]．すなわち，少し長い区間の観測を行って，その区間での音声パワーの最小値を求めておく．そこからどれだけ上昇したかを閾値で判定するようにする．音声パワーの最小値は，誰も発声していないときの背景雑音の音声パワーと考えられ，これもゲイン設定により増減する．したがって，これを基準にすればゲイン設定に依存せずに安定な閾値処理を行うことができる[5]．

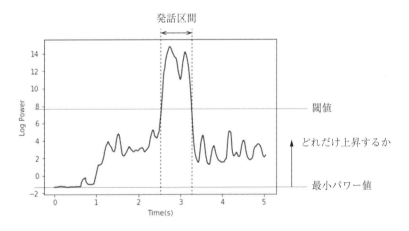

図 2.5 音声データの平滑化パワー系列と発話区間

---

[4] ここで紹介する方法以外に，ゼロ交差法といって正負に振れる波形データがゼロをまたぐ回数を根拠にするやり方もある．
[5] マイクロフォンのスイッチをオフにした場合の例外処理は必要である．

▍Python による発話区間推定▍

Python を用いて，音声パワーを根拠とする発話区間推定を行ってみよう．ソースコード 2.5, 2.6, 2.7, 2.8 の続きとして以下を実行しよう．

ソースコード **2.9**　パワーを根拠にする発話区間推定

```
1  # 最小パワーを探す
2  z_min = z_sma[0]
3  for t in range(0, frame_length):
4      if z_sma[t] < z_min :
5          z_min = z_sma[t]
6
7  # VAD実行
8  Threshold = 8
9  vad_info = np.zeros(frame_length)
10 for t in range(0, frame_length):
11     if z_sma[t] > z_min+Threshold:
12         vad_info[t] = 1
13
14 # 確認
15 print(vad_info)
```

ここでは，最小パワー値 (z_min) を探す範囲を入力したデータの全範囲としている[6]．閾値 (Threshold) は，ここでは 8 に設定したが，各自調整してほしい．この値に最小パワー値を加算したものが実際の閾値となり，フレームごとに平滑化パワーと比較され，後者が大きければ発話区間情報 (vad_info) の該当フレーム部分に 1 がセットされる．そうでなければ 0 のままとなる．これらの比較は対数の領域で行われていることに留意してほしい．

vad_info をグラフとして表示しよう．また，推定した発話区間の開始時刻と終了時刻を具体的な数字で出力しよう．ソースコード 2.5, 2.6, 2.7, 2.8, 2.9 の続きとして以下を実行しよう．

ソースコード **2.10**　発話区間推定結果の可視化

```
1  # VAD情報を可視化する
2  plt.xlabel('Time(s)')
3  plt.ylabel('Speech/Silence')
4  plt.plot(x, vad_info, color='navy')
5  plt.show()
6
7  # 時刻で出力
8  flag = vad_info[0]
9  for t in range(0, frame_length):
10     if vad_info[t] == 1 and flag == 0:
11         time = t*frame_shift / sampling_rate
12         print("from: ", time)
13     elif vad_info[t] == 0 and flag == 1:
14         time = t*frame_shift / sampling_rate
15         print("to: ", time)
16     flag = vad_info[t]
```

図 2.6 のようなグラフが出力されたと思う．入力した音声ファイルによっては，実際に発話している区間が推定された区間に含まれていなかったり，推定された発話区間が複数に細かく分かれて

---

[6] 入力を受け付けながら処理を継続するタイプのプログラムの場合には，未来の入力は参照できないので，探索範囲は過去に向けて設定する．

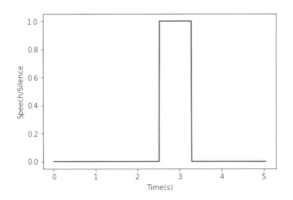

図 2.6 発話区間の推定結果

しまったりすることがある．前者であれば閾値の設定を下げる必要がある．後者の場合で一続きの発話区間が分断されてしまったケースでは，やはり閾値の設定を下げると解決することがある．しかし，突発的な環境雑音が誤って複数の短い発話区間として推定されてしまうケースでは，後処理による解決が必要である．VAD では短すぎる発話区間を削除したり，短すぎる非発話区間は発話区間とする整形処理を併用する．

2.4　SN 比

　一般に，静かな場所で収録した音声は，それを後で再生したときに聞き取りやすく，騒々しい場所で収録した音声は聞き取りにくい．背景の雑音の音量が対象の音声をかき消そうとするからである．したがって録音の品質を判断する目安として，SN 比という尺度を導入する．SN 比とは，発声などの対象の信号のパワーと雑音のパワーとの比である．単位はデシベル (dB) を使う．dB は $10\log_{10}$ (パワー比) として計算される．

　発話データの場合，SN 比は前述の VAD の結果を用いて，発話区間で計測したパワーの平均値と非発話区間で計測したパワーの平均値を用いて計算すればよい[7]．

$$\text{SN 比 (dB)} = 10\log_{10}\frac{\text{発話区間のパワーの平均値}}{\text{非発話区間のパワーの平均値}} \tag{2.4}$$

　手元のマイクロフォンに対して普通に発声した場合，SN 比は静かな環境では大きく，騒々しい環境では小さい．目安としては静かなオフィスでの発声は $25\sim40\,\text{dB}$，市街地走行の車内での発声は $10\sim15\,\text{dB}$，高速道路走行の窓を開けた車内での発声は $0\sim5\,\text{dB}$ といわれている．

　SN 比が小さいと雑音が卓越するので，音声認識などの識別モデルの性能は悪化する．したがって，SN 比は便利で重要な指標である．音声データを収録したときには，その収録環境の適性を示すために，SN 比を計測して記録を残すとよい．

▌Python による SN 比の算出▐

　Python を用いて SN 比を計算しよう．発話区間の情報は VAD の結果を使ってもよいが，このソースコードでは，発話区間の開始時刻と終了時刻を手入力することにした．各自の音声データの

---

[7]　厳密には発話区間で計測したパワーには，雑音成分のパワーも含まれるが，それは無視することが多い．

可視化結果を見て決めてほしい．ここで時刻とは秒単位であって，音声ファイルの先頭をゼロ秒とした経過時間となっている．ソースコード 2.5, 2.6 の続きとして以下を実行しよう．

ソースコード 2.11　SN 比の算出

```
1  # 秒単位で入力
2  speech_from_time = float(input("Speech time from:"))
3  speech_to_time = float(input("Speech time to:"))
4  silence_from_time = float(input("Silence time from:"))
5  silence_to_time = float(input("Silence time to:"))
6
7  # フレーム単位に変換
8  speech_from_frames = int(speech_from_time * sampling_rate / frame_shift)
9  speech_to_frames = int(speech_to_time * sampling_rate / frame_shift)
10 silence_from_frames = int(silence_from_time * sampling_rate / frame_shift)
11 silence_to_frames = int(silence_to_time * sampling_rate / frame_shift)
12 print(speech_from_frames, speech_to_frames, silence_from_frames, silence_to_frames)
13
14 # 発話区間の平均パワーの計算
15 speech_power = 0.0
16 for t in range(speech_from_frames, speech_to_frames):
17     speech_power += zp[t]
18 speech_power /= (speech_to_frames-speech_from_frames)
19
20 # 非発話区間の平均パワーの計算
21 silence_power = 0.0
22 for t in range(silence_from_frames, silence_to_frames):
23     silence_power += zp[t]
24 silence_power /= (silence_to_frames-silence_from_frames)
25
26 # SN比の計算
27 snr = 10.0*np.log10(speech_power / silence_power)
28 print(snr)
```

プログラムを実行すると，SN 比の値が dB 単位で出力される．室内で録音したのであれば，15〜40 程度の値が表示されているだろう．

章 末 問 題

2-1　2.1 節に従って，自分の録音した音声データの波形と，その振幅を半分にした波形を結合し，それを波形データとして可視化せよ．その画像を静止画ファイルとして保存せよ．

2-2　2.2 節に従って，自分の録音した音声データのパワーの時系列を可視化せよ．作成した平滑化パワー系列の図を静止画ファイルとして保存せよ．

2-3　2.3 節に従って，自分の録音した音声データの発話区間の開始時刻と終了時刻を求めよ．

2-4　2.4 節に従って，自分の録音した音声データの SN 比を dB 単位で求めよ．

第 *3* 章

音声のスペクトル表現

本章の目標

- 2つの波形データの相関について理解する.
- さまざまな周波数のサイン波とコサイン波について慣れる.
- 離散フーリエ変換の概念を理解する.
- Python を用いて離散フーリエ変換を実行する.

3.1 音声信号の相関

2つの音声データがあるとき, その似ている, 似ていないはどのように判断したらよいであろうか? 図3.1 を見てみよう. 左端の波形データ x (上側) と波形データ y (下側) が比較すべき2つの音声データである. 処理前の波形だけを見ていれば, 両者はあまり似ていないという印象をもつだろう. しかし, それぞれの波形データにおいて, 平均と分散を用いて標準化を行えば, 右端の波形データが得られる. この両者はとても似ているということができるだろう.

人間であれば, 似ている, 似ていないの判断は自明である. これを数式で判断するにはどうすればよいだろうか? それについて, 図3.1 の右端の2つの波形データを比較するときに, 中心からどちら側に振れているかをサンプルごとに観察し, 同じ方向に振れている程度が大きければ似ている, 違う方向に振れている程度が大きければ似ていないと判断することができるだろう. そこで, **掛け算は似たもの探し**という考え方を適用してみよう. 中心をゼロとしそこからの上方向への振れを正の値として計測した場合, 同じ方向に振れる場合には両者の掛け算は正の値をもち, 違う方向に振れた場合には両者の掛け算は負の値をもつことがわかる. すなわち, それらを全サンプルに渡って寄せ集めれば, 似ている度合いの指標とできることがわかる.

ざっくりいってしまえば, これが音声データの相関係数である. 相関係数の式 (3.1) の中には, 比較すべき音声データ (x と y) のそれぞれの平均を減算し[1], 分散の平方根で割り算するという標準化の操作が組み込まれている. その後に, 両者のサンプルごとの掛け算を行ってそれを寄せ集めるという操作 (内積) が行われている.

---

[1] マイクロフォンの特性によって, 収録した音声データにはバイアス (直流成分) が含まれていることが多いので, 平均の減算が必要である.

$$\text{相関係数 } r = \frac{\frac{1}{N}\sum_{n=1}^{N}(x_n - \bar{x})(y_n - \bar{y})}{\sqrt{\frac{1}{N}\sum_{n=1}^{N}(x_n - \bar{x})^2}\sqrt{\frac{1}{N}\sum_{n=1}^{N}(y_n - \bar{y})^2}} \tag{3.1}$$

式 (3.1) で，n は時系列方向のサンプル番号，N はサンプルの総数である．$\bar{x}$ や $\bar{y}$ はその平均を表す．図 3.1 に載せた式のように，N は分母分子で相殺できる．相関係数は大きいほど 2 つの音声ファイルは似ていると判断できる．

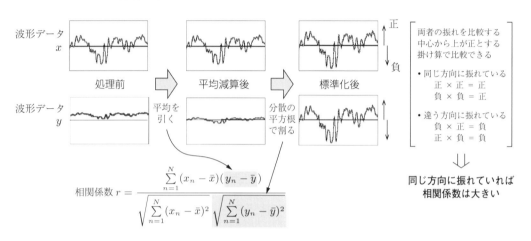

図 3.1　2 つの音声データの似ている度合いとは？

■ Python による相関係数の計算 ■

それでは具体的に相関係数を求めてみよう．ここでは，プログラムコード上に数値で 2 つの波形データを定義しているので，まずはその波形データを表示する．

以下のソースコード 3.1 を実行しよう．

ソースコード 3.1　比較する 2 つの波形データの準備

```
1 import matplotlib.pyplot as plt
2 import numpy as np
3
4 x1 = np.array([  0,  64,  98,  86,  34, -34, -86, -98, -64,   0])
5 x2 = np.array([ 10,  59,  27,  96, -22,  42, -76,  -7, -39,   9])
6
7 plt.plot(x1, color='navy')
8 plt.plot(x2, color='red')
9 plt.show()
```

実行すると，図 3.2 のように表示されるだろう．

この 2 つの波形データの相関係数を定義に基づいて計算する[2]．ソースコード 3.1 の続きとして，以下を実行しよう．

---

[2] 相関係数の計算には，Pandas の corr 関数などのライブラリを使用することもできる．

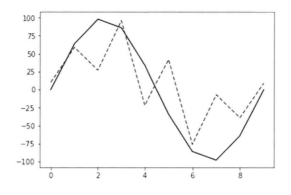

図 **3.2** 比較する 2 つの波形

ソースコード **3.2** 2 つの波形データの相関係数の算出

```
1  length = min(x1.shape[0], x2.shape[0])
2  x1_mean = 0.0
3  x2_mean = 0.0
4  for i in range(0, length):
5      x1_mean += x1[i]
6      x2_mean += x2[i]
7  x1_mean /= length
8  x2_mean /= length
9
10 x1_var = 0.0
11 x2_var = 0.0
12 for i in range(0, length):
13     x1_var += (x1[i]-x1_mean)*(x1[i]-x1_mean)
14     x2_var += (x2[i]-x2_mean)*(x2[i]-x2_mean)
15 x1_var /= length
16 x2_var /= length
17
18 correlation = 0.0
19 for i in range(0, length):
20     correlation += (x1[i]-x1_mean)*(x2[i]-x2_mean)
21 correlation /= length
22 correlation /= np.sqrt(x1_var*x2_var)
23
24 print(correlation)
```

　相関係数は，以下のように出力されるだろう．相関係数は -1 から $+1$ までの間の値をとるが，2
つの波形データが似ている度合いとして，この値は感覚的に合うだろう．

```
0.706583853075247
```

3.2　サイン波とコサイン波

　高校の数学の三角関数の単元で，sin 関数と cos 関数を習ったと思う．どちらのグラフも波の形を
していて，両者はピークの位置が少しずれていたのを思い出すだろうか．本書では，これらのグラ
フをそれぞれサイン波，コサイン波とよぶ．実は，複雑な波形データでも，さまざまな周期のサイ
ン波とコサイン波の合算で近似的に表現できる．このことについては後の 3.3 節で学ぶが，この節

では，サイン波とコサイン波，およびその合成について慣れておこう．

▍Python でサイン波を作ってみよう▍

入力を x とすると，sin 関数の出力 y は次式となる．ただし，$0 \leq x < 1$ としよう．

$$y = \sin(2\pi x) \tag{3.2}$$

ここで，N 個の離散的な $x(n)$ を想定する．n は 0 から $N-1$ の整数をとる．$x(0) = 0.0$，$x(N) = 1.0$ をとるように x を等分割すれば，$x(n) = \dfrac{n}{N}$ となるので，それを式 (3.2) に代入して，次式が得られる．

$$y = \sin\left(2\pi \frac{n}{N}\right), \quad n = 0, 1, \ldots, N-1 \tag{3.3}$$

式 (3.3) を用い，$N = 320$ として，サイン波を作成しよう．以下のソースコードを実行しよう．

ソースコード**3.3**　サイン波の作成

```
1  import matplotlib.pyplot as plt
2  import numpy as np
3
4  N=320
5  x = np.linspace(0, 2*np.pi, N, endpoint=False)
6  s1 = np.array(np.sin(x))
7  plt.figure(figsize=(14, 4))
8  plt.plot(s1, linestyle='None', color='navy', marker='.', markersize=0.5)
9  plt.show()
```

ここでは 変数 y の代わりに s1 が使われていて，波形データはそこに格納される．実行すると図 3.3 に示されるグラフが得られるだろう．

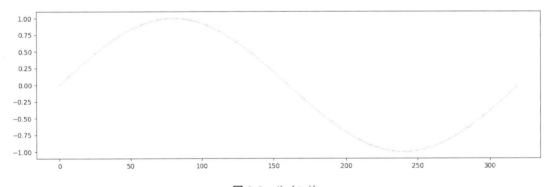

図**3.3**　サイン波

320 サンプルで 1 周期なので，もしサンプリング周波数が 16000 Hz であれば，この波形を連続的に再生したときに 50 Hz の音声として聞こえるはずである．これは 16000/320 として計算できる．1 秒間に 16000 サンプルがあって，そこに 320 サンプルの波が何個収まるかという数であって，それが音の周波数である．

▍Python でコサイン波を作ってみよう▍

同様にコサイン波を作成し描画してみよう．次式を使用する．

$$y = \cos\left(2\pi \frac{n}{N}\right), \quad n = 0, 1, \ldots, N-1 \tag{3.4}$$

ソースコード 3.3 の続きとして，以下のソースコードを実行しよう．

ソースコード **3.4** コサイン波の作成

```
1  c1 = np.array(np.cos(x))
2
3  plt.figure(figsize=(14, 4))
4  plt.plot(c1, linestyle='None', color='navy', marker='.', markersize=0.5)
5  plt.show()
```

ここでは 変数 y の代わりに c1 が使われていて，波形データはそこに格納される．実行すると図 3.4 に示されるグラフが得られるだろう．

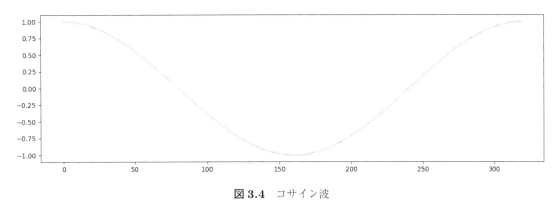

図 3.4 コサイン波

周波数を k 倍にしたサイン波を作成しよう

次に周波数を k 倍にしたサイン波を作成してみよう．前回までは n/N が 0 から 1 に動く間に波が 1 個生成されたので，それを k 倍すれば同じ区間に k 個の波が生成されることになる．次式を使用する．

$$y = \sin\left(2\pi k \frac{n}{N}\right) \tag{3.5}$$

ソースコード 3.3, 3.4 の続きとして，以下のソースコードを実行しよう．ここで，k は 2 とする．

ソースコード **3.5** 周波数を k 倍にしたサイン波の作成

```
1  # 2倍の周波数
2  k = 2
3  s2 = np.array(np.sin(k*x))
4
5  plt.figure(figsize=(14, 4))
6  plt.plot(s2, linestyle='None', color='navy', marker='.', markersize=0.5)
7  plt.show()
```

ここでは 変数 y の代わりに s2 が使われていて，波形データはそこに格納される．実行するとサイン波が 2 つ入ったグラフが得られるだろう．

160 サンプルで 1 周期なので，もしサンプリング周波数が 16000 Hz であれば，この波形を連続的に再生したときに 100 Hz の音声として聞こえるはずである．

周波数を k 倍にしたコサイン波を作成しよう

同様に周波数を k 倍にしたコサイン波を作成してみよう．数式は次式となる．

$$y = \cos\left(2\pi k \frac{n}{N}\right) \tag{3.6}$$

ソースコード 3.3, 3.4, 3.5 の続きとして，以下のソースコードを実行しよう．ここで，k は 2 とする．

ソースコード **3.6**　周波数を k 倍にしたコサイン波の作成

```
1  # 2倍の周波数
2  k = 2
3  c2 = np.array(np.cos(k*x))
4
5  plt.figure(figsize=(14, 4))
6  plt.plot(c2, linestyle='None', color='navy', marker='.', markersize=0.5)
7  plt.show()
```

ここでは 変数 y の代わりに c2 が使われていて，波形データはそこに格納される．実行するとコサイン波が 2 つ入ったグラフが得られるだろう．

作成したサイン波とコサイン波を全部足してみる

ここまで，周期の異なる 2 つのサイン波と 2 つのコサイン波を作成した．波形データは，変数 s1，s2，c1，c2 に格納されている．ここで，試しにこれらすべてを加算するとどのような波形データが得られるか見てみよう．

ソースコード 3.3, 3.4, 3.5, 3.6 の続きとして，以下のソースコードを実行しよう．

ソースコード **3.7**　サイン波とコサイン波の加算

```
1   all = s1 + c1 + s2 + c2
2
3   plt.figure(figsize=(14, 4))
4   plt.plot(all, linestyle='None', color='navy', marker='.', markersize=2)
5   plt.plot(s1, linestyle='None', color='green', marker='.', markersize=0.5)
6   plt.plot(s2, linestyle='None', color='cyan', marker='.', markersize=0.5)
7   plt.plot(c1, linestyle='None', color='magenta', marker='.', markersize=0.5)
8   plt.plot(c2, linestyle='None', color='red', marker='.', markersize=0.5)
9   plt.grid(True)
10  plt.show()
```

変数 all には，4 個の波形データを加算した波形データが入っている．実行すると図 3.5 のようなグラフが得られるだろう．加算された波形データは複雑である．逆に，複雑な波形データが与えられたときに，何らかの方法でさまざまな周期のサイン波やコサイン波に分解できないかと考えたくなる．それは次節で解説する．

周期の異なるサイン波やコサイン波の相関

ここまでの演習で得た 4 つの波形データについて，サンプリング周波数が 16000 Hz であるとき，変数 s1 は周波数 50 Hz のサイン波，変数 s2 は周波数 100 Hz のサイン波，変数 c1 は周波数 50 Hz のコサイン波，変数 c2 は周波数 100 Hz のコサイン波，である．

さて，ここでクイズを出そう．それぞれの波形データのプロットを見て答えてほしい．

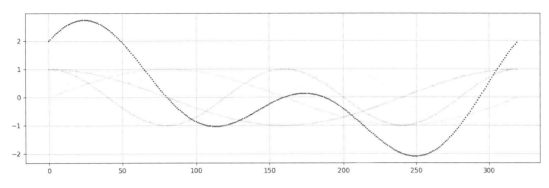

図 3.5　周期の異なるサイン波とコサイン波の加算

問 3.1　次の波形データのペアについて，相関係数を予想せよ．回答はそれぞれのペアについて選択肢ア～オから適するものを 1 つ選べ．

- ペア
  〔A〕50 Hz のサイン波と 100 Hz のサイン波
  〔B〕100 Hz のサイン波と 100 Hz のコサイン波
  〔C〕100 Hz のサイン波と 50 Hz のコサイン波

- 回答の選択肢
  〔ア〕+0.5 に近い
  〔イ〕−0.5 に近い
  〔ウ〕0.0 に近い
  〔エ〕+1.0 に近い
  〔オ〕−1.0 に近い

さて予想が済んだら，正解は実際に計算して確認しよう．

たとえば，ペア A については，以下のように，s1，s2 を x1，x2 に代入し，以降の計算処理を以前に使用した相関係数を計算するためのソースコード 3.2 を実行すればよい．

ソースコード 3.8　ペア A の相関係数を求める前の準備

```
1 x1 = s1
2 x2 = s2
```

たとえば，次のような計算結果が得られるだろう．

```
1.5855794015786614e-16
```

この e-16 は 10 のマイナス 16 乗の意味である．すなわち限りなく 0 に近い値である．驚くことにペア A，B，C すべてについて，ほぼ 0 の値が出力される．すなわち正解はどのペアについても〔ウ〕である．

おそらく，これはみなさんの予想とは異なっていたのではないかと思う．ここで得られた重要な知見は，サイン波とコサイン波は互いに相関がない，すなわち独立した関係[3]であり，また同じサイン波でも周波数が基準の倍々の関係で異なれば互いに独立しているということなのである．すなわ

---

[3] 「独立した関係」とは数学的にはベクトルの直交という言葉で表現される．

ち，複雑な波形データをこれらの波に分解することを試みたときには，これらはお互いに干渉しない良い「ものさし」（長さを測る道具）となることが期待できる[4]．

複雑な波形データとサイン波やコサイン波との相関

ソースコード3.7にて，4個のサイン波またはコサイン波を加算し，複雑な波形データ all を作成した．これと元のサイン波またはコサイン波との相関係数を計算しよう．all とその構成要素の1つとをペアにして比較するので，何かしらの正の相関をもつであろうことは予想できる．

計算のやり方としては，たとえば，以下のように，all を x1 に，s1 を x2 に代入し，以降の計算処理をソースコード3.2に任せればよい．

ソースコード 3.9　all と s1 の相関係数を求める前の準備

```
1  x1 = all
2  x2 = s1
```

たとえば，次のような計算結果が得られるだろう．

```
0.498444786279227
```

同様に，all と c1，all と s2，all と c2 についても計算しよう．どれも 0.5 に近い値が得られるだろう．元々 all を作成するときに，s1，c1，s2，c2 は同じ分量だけ投入したのであるから，どれについても同じような相関係数が得られるのは納得できる．

逆に考えると，s1，c1，s2，c2 といったさまざまな周波数のサイン波やコサイン波を「ものさし」のように使って，複雑な波形データに含まれるそれらの成分の割合を測定できるのではないかという発想に至る．これが次の節で紹介するフーリエ変換の根底に流れる発想である．

3.3　音声データのスペクトル表現

結論から書くと，複雑な波形データであっても，複数の周波数のサイン波とコサイン波の重み付き和で近似できる[5]．図3.6を見てみよう．ここでは対象の波形データと並んで，周波数が 50 Hz，100 Hz，..., 8000 Hz といったさまざまなサイン波とコサイン波が用意されている．これは，それぞれ $k = 1, 2, \ldots, 160$ に対応していて，k はその区間に波が何個入っているかを意味している．これらのサイン波とコサイン波が基準となる波形データであり，その重み付き和で，対象の波形データを近似できる．その重みをここでは成分と読み替えよう．すなわち，基準となるサイン波とコサイン波がどれくらい対象の波形に含まれているかという量である．

ざっくりというと，この成分を求める操作が離散フーリエ変換である[6]．

比喩になるが，物の長さを測るときには「ものさし」をあてがって，その目盛りを読むだろう．同様に，対象の波形データに「ものさし」をあてがって，基準となるサイン波とコサイン波ごとの成分を計測する．そして，その「ものさし」に何を使うかというと，実はそのサイン波とコサイン波そのものを使うのである．

---

[4]　「ものさし」は比喩であって，数学でいうベクトル空間の基底をイメージしている．
[5]　ある程度連続性のある波形データである必要があるが，音声データであれば実用上の問題はない．
[6]　フーリエ変換には連続値を扱うものもあるが，本書で扱う波形データは時間方向にサンプルされた離散値であるので，離散フーリエ変換を使用する．

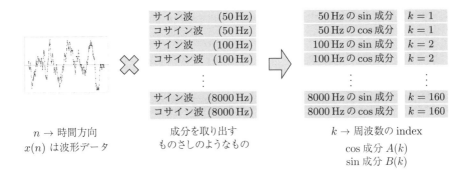

図 3.6 周波数ごとの成分を取り出すというアイデア

本章の冒頭で，**掛け算（内積）は似たもの探し**と書いたのを思い出してほしい．たとえば，3.2 節で，50 Hz のサイン波と対象の波形データの相関を計算したときに，両者のデータをサンプル点ごとに掛け算を行って合計を計算した．両者が似たものであれば，大きな値となった．両者が無関係なものであれば，ゼロに近い値となった．概念的にはそれが成分の量である．すなわち，対象の波形について，基準の波ごとの成分を知りたければ，基準の波自身を「ものさし」としてあてがえばよい．あてがうとは，サンプルごとに掛け算をして合計をとることである．これはベクトルの内積操作にほかならない[7]．

ここで k, n, N の定義はそのまま流用して，上記の操作を数式で見て行こう．求め方は後述するが，$A(k)$ は k 番目のコサイン成分，$B(k)$ は k 番目のサイン成分の値であるとする．図 3.6 の右側に対応する．これらを用いて，元の波形データを近似的に復元することができる．具体的には，$A(k)$ と $B(k)$ を対応するサイン波やコサイン波に掛けて合計し，さらに N によるスケーリングを施す[8]．

$$x(n) \simeq \frac{1}{N} \sum_{k=0}^{N-1} A(k) \cos\left(\frac{2\pi kn}{N}\right) + \frac{1}{N} \sum_{k=0}^{N-1} B(k) \sin\left(\frac{2\pi kn}{N}\right) \tag{3.7}$$

この操作を逆離散フーリエ変換とよぶ．

$A(k)$，$B(k)$ は，次のように計算できる．

$$A(k) = \sum_{n=0}^{N-1} x(n) \cos\left(\frac{2\pi kn}{N}\right) \tag{3.8}$$

$$B(k) = \sum_{n=0}^{N-1} x(n) \sin\left(\frac{2\pi kn}{N}\right) \tag{3.9}$$

この $A(k)$ や $B(k)$ は，元の波形データ $x(n)$ に基準となるサイン波やコサイン波をサンプルごとに掛け算を行い，寄せ集めていることがわかる[9]．この操作が離散フーリエ変換である．式 (3.8) や

---

[7] $k = 0$ は図 3.6 では省略した．$k = 0$ のときはサイン成分は常にゼロであって，コサイン成分は直流成分を表す．またこの図では区間は 320 サンプルを想定している．しかし k の上限は半分の 160 であることに留意されたい．それよりも大きい k は波の山と谷を十分に表現できなくなり，実態としてより低い周波数成分のコピーとなっているだけなのでここでは使用しない．すなわちサンプリング周波数が 16000 Hz であっても，離散フーリエ変換で抽出できる波の成分は上限が 8000 Hz である．サンプリング周波数の半分の周波数を**ナイキスト周波数**とよぶ．

[8] k は 0 から $N-1$ まで変化するが，$A(k)$ と $B(k)$ の k が $N/2$ より大きい部分にはそれ以下の部分と同じ値が逆順に格納されている．フーリエ級数展開の場合と同じように k は $N/2$ までとし，1 から $N/2$ までの項を 2 倍して計算しても同じ結果が得られる．

[9] 式 (3.8) と式 (3.9) ではサンプル数でのスケーリングは省略した．逆離散フーリエ変換を行う際に N で除すれば，スケーリングが合ったデータを復元することができる．

式 (3.9) は，相関係数を求める式 (3.1) の分子部分と似ている．結局のところ，**掛け算（内積）は似たもの探しなのである**．

離散フーリエ変換の結果として求めた $A(k)$ と $B(k)$ をスペクトルデータとよぶ[10]．音声データはスペクトルデータに変換することにより，分析や機械学習が容易になる．スペクトルデータは，プログラミングの際には周波数方向のインデックス k をもつ配列となる．次の章では，これをさらにフレーム単位で時間方向へ並べた 2 次元の配列として扱う．

Python を用いて，音声を離散フーリエ変換する

1.3 節で録音したファイル (speech.wav) の発声部分について，Python プログラムを用いて離散フーリエ変換してみよう．まず，対象部分の開始の時刻（秒）を指定して，そこから 512 サンプルを切り出す．次のソースコードを入力して実行しよう[11]．

■ **Note**　ソースコードでは，音声ファイルの存在するフォルダを C:¥work と想定しているが，そうでない場合にはソースコードの該当部分を変更する必要がある．

ソースコード **3.10**　波形データの読み込みと対象部分の切り出し

```
 1  from scipy.io.wavfile import read
 2  import matplotlib.pyplot as plt
 3  import numpy as np
 4
 5  # 波形データの読み込み
 6  wavefile = "c:/work/speech.wav"
 7  sampling_rate, data = read(wavefile)
 8  fft_size = 512
 9  # 切り出し開始の時間を入力
10  speech_from_time = float(input("Speech time from:"))
11  speech_from_samples = int(speech_from_time * sampling_rate)
12  # 波形を切り出す
13  x = data[speech_from_samples:speech_from_samples+fft_size]
14
15  # 波形の確認
16  label = np.array(range(fft_size))/sampling_rate
17  plt.xlabel('Time(s)')
18  plt.ylabel('Magnitude')
19  plt.plot(label, x, color='navy', linestyle='None', marker='.')
20  plt.show()
```

プログラムを開始すると，"Speech time from:" と聞いてくるので，母音を安定して発声していそうな区間の開始時刻を入力する．区間は自分が録音したデータによる．たとえば，図 3.7 のように選ぶ．

実行が完了すると，切り出した部分の波形データが表示される．例を図 3.8 に示す．この例のように，同じパターンが繰り返された形，すなわち周期性がある形が得られれば，そこは母音である可能性が濃厚なので好都合である．そうでない場合には，再度プログラムを実行して，別の開始時刻を試してほしい．

---

[10] 虚数単位を i として，$A(k) + iB(k)$ と複素数で表現することも多い．

[11] ここまでは区間のサンプル数として 320 を使用してきたが，この演習からは 512 を使用する．2 のべき乗の数であれば離散フーリエ変換の高速版が使えるからである．ちなみに録音時にサンプリング周波数として 16 kHz を指定したはずなので，512 サンプルは 32 ミリ秒に相当する．

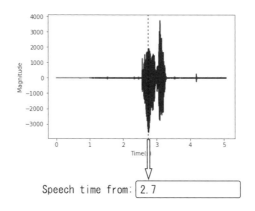

図 **3.7** 波形データから安定していそうな区間を選ぶ

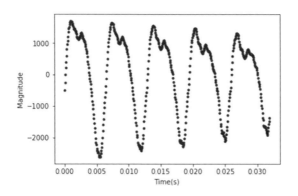

図 **3.8** 離散フーリエ変換のために切り出された区間の例

次に SciPy ライブラリの fft 関数を使って，離散フーリエ変換を実行する．ソースコード 3.10 の続きとして，以下を実行する．

ソースコード **3.11** 離散フーリエ変換の実行と対数パワースペクトルの表示

```
1  from scipy.fftpack import fft
2
3  complex_spectrum = fft(x)
4  power_spectrum = complex_spectrum.real*complex_spectrum.real+complex_spectrum.imag*complex_s
      pectrum.imag
5  power_spectrum = power_spectrum[0:int(fft_size/2)+1]
6  log_power_spectrum = np.log(power_spectrum)
7
8  plt.xlabel('frequency index')
9  plt.ylabel('log power')
10 plt.plot(log_power_spectrum, color='navy')
11 plt.show()
```

fft 関数の出力結果は，変数 complex_spectrum に格納される．これは複素数で表現されたスペクトルデータであって，実部がコサイン成分，虚部がサイン成分になっている．周波数方向のインデックスをもつ配列である．複素データは.real や.imag の属性によって，実部と虚部を取得できる．変数 power_spectrum は，その実部の 2 乗と虚部の 2 乗を加算したものである．このサイン成

分とコサイン成分の2乗をとって加算したものをパワースペクトルとよぶ.

$$Y(k) = |X(k)|^2 = A(k)^2 + B(k)^2 \tag{3.10}$$

ここで，$X(k)$ は複素数表示のスペクトル，$Y(k)$ はパワースペクトルである.

　パワースペクトルの表現を使うと，サイン成分とコサイン成分のバランスの情報は失われる．サイン波とコサイン波は波の頂点の位置が異なるので，両者のバランスが変化すれば合成した波の頂点の位置も前方か後方へシフトする．これは位相の情報であって，パワースペクトルに変換することによって，捨てられてしまっている．実は，音声データの処理の多くの場面において，位相の情報は使用されていないので問題にはならないことが多い[12].

　パワースペクトルは，さらに対数をとり，対数パワースペクトルとして扱うことが多い．これは，静かなときと大音量のときではパワーが桁違いに異なるためである．また対数をとることにより，人間の聴覚特性にも親和性のある指標となる.

　プログラムを実行すると，図3.9のようなグラフが得られるだろう．横軸が周波数方向のインデックスで0から256までである．離散フーリエ変換の区間幅の半分が上限となる．縦軸は，その周波数ごとの対数パワースペクトルである．低音域野パワーは大きく，高音域は小さい傾向にあるだろう．また，細かい山と谷が数インデックスごとに規則的に存在するのが観察できるだろう．これは声の高さ（ピッチ）に対応しており，母音の特徴の1つとなっている[13].

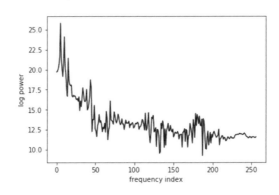

図 3.9　対数パワースペクトルの例

章 末 問 題

3-1　ある2つの音声データがあり，両者の相関の値が0.5であったとする．図3.10のように，片方の音声データの波形を位相反転させた．そのデータと残りの片方の音声データとの相関を計算した値を予測せよ．次の選択肢から正しいものを1つ選べ.

〔ア〕0.5

〔イ〕−0.5

〔ウ〕0.0

〔エ〕データに依存するので予測できない

---

[12] 複数のマイクロフォンで観測した音声信号の位相差は音波の到来方向の推定に使われている.
[13] 無声子音（声帯を鳴らさず息で表現する音）には，声の高さにあたるものがない.

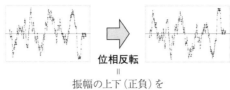

位相反転

‖

振幅の上下（正負）を
反転させること

図 3.10　位相反転

3-2　3.3 節に従って，自分の録音した音声データを離散フーリエ変換し，さらにその結果を対数パワースペクトルとして可視化せよ．その画像を静止画ファイルとして保存せよ．

第 4 章

音声データの特徴量

--- 本章の目標 ---

- 窓掛け操作およびメルフィルタバンクについて理解する.

- 音声データの特徴量について理解する.

- Python を用いて音声データの特徴量を出力する.

4.1 スペクトルの時系列データの算出

前章では，512 サンプルなど所定の長さの区間の音声データについて，離散フーリエ変換を実施し，サイン成分とコサイン成分のスペクトルデータを得た.

一般的には，音声データはもっと長い.そこで，所定の区間に切り出してスペクトルデータに変換する.区間をずらしながらこの処理を行うことにより，スペクトルデータを時系列的に得ることができる.2.2 節で学んだように，この区間のことをフレームとよび，フレームをずらす量をフレームシフトとよぶ.

音声データをフレームに切り出すときには，図 4.1 のような関数の重みを掛けるようにする.この重みを窓関数とよび，ハミング窓やハニング窓といった関数が提唱されている.両端の重みがゼロになっているので，切り出された音声データの両端はゼロになる.この操作を窓掛けとよぶ.

ハミング窓の式を示す.

$$w(d) = 0.54 - 0.46 \cos\left(\frac{2\pi d}{D}\right) \tag{4.1}$$

w は窓関数，D はフレームサイズである.d は 0 から D まで変化する.

これを用いて，波形データ x を切り出そう.t 番目のフレームとして切り出された波形データを

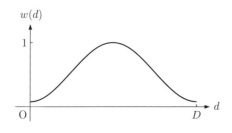

図 4.1 ハミング窓

$\hat{x}(d,t)$ とする．ここで，フレームシフトを S とし，離散フーリエ変換の区間の幅を N とする．ここではインデックス d は，$0 \le d < N$ の整数値をとる．$\hat{x}(d,t)$ は次式で決める．

$$\hat{x}(d,t) = \begin{cases} w(d)x(tS+d) & (0 \le d < D) \\ 0 & (D \le d < N) \end{cases} \tag{4.2}$$

この $\hat{x}$ が離散フーリエ変換の対象となるが，離散フーリエ変換は，256 や 512 といった 2 のべき乗の長さのデータについて行うと高速な処理方式を適用できるので，このサイズになるように足りないところをゼロで埋めている．

全体の処理の流れを，図 4.2 に示した．

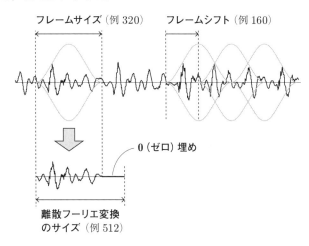

図 4.2 音声データの窓掛け

▌**Python を用いて，窓掛けを行い離散フーリエ変換する** ▐

1.3 節で録音したファイル (speech.wav) について，Python プログラムを用いて窓掛けを行い離散フーリエ変換してみよう．まずはデータを読み出して，使用する窓関数の表示を行ってみる．次のソースコードを入力して実行しよう．

■ **Note** ソースコードでは，音声ファイルの存在するフォルダを C:¥work と想定しているが，そうでない場合にはソースコードの該当部分を変更する必要がある．

ソースコード **4.1** 波形データの読み込みと窓関数の表示

```
 1  from scipy import signal
 2  from scipy.io.wavfile import read
 3  import matplotlib.pyplot as plt
 4  import numpy as np
 5
 6  # 波形データの読み込み
 7  wavefile = "c:/work/speech.wav"
 8  sampling_rate, data = read(wavefile)
 9  wav_length = data.shape[0]
10  # 定義
11  fft_size = 512
12  frame_shift = 160
13  frame_size = 320
```

```
14  frame_length = (wav_length - (frame_size - frame_shift)) // frame_shift
15  # 確認
16  print (frame_length, wav_length, frame_length*frame_shift)
17  # 窓関数　ハミング窓
18  w = signal.hamming(frame_size)
19  plt.plot(w, color='green')
20  plt.show()
```

　ここで，波形データに含まれるフレームの総数が計算されて，変数 `frame_length` に格納されている．波形データの末尾がフレームの単位に満たない場合には，満たない部分は捨てられていることに留意されたい．実行が完了すると，窓関数のグラフが表示されるであろう．

　次に，波形データを窓掛け操作によって切り出し，それを離散フーリエ変換する．ソースコード 4.1 の続きとして，以下を実行する．

ソースコード **4.2**　窓関数の適用と離散フーリエ変換

```
1   from scipy.fftpack import fft
2
3   complex_spectrum = np.zeros((fft_size, frame_length), dtype='complex64')
4   xh=np.zeros(fft_size)
5   for t in range(0, frame_length):
6       # フレームごと波形切り出し
7       for d in range(0, frame_size):
8           xh[d] = w[d]*data[t*frame_shift+d]
9       for d in range(frame_size, fft_size):
10          xh[d] = 0.0
11      # 離散フーリエ変換
12      complex_spectrum[:,t] = fft(xh)
```

　実行すると，変数 `complex_spectrum` に複素スペクトルデータが得られる．`complex_spectrum[k,t]` であれば，t 番目のフレームの k 番目の周波数成分を表している．k は**ビン番号**とよばれることもあるので覚えておこう．

　3.3 節で学んだように，複素スペクトルの実部と虚部の 2 乗をとり合計したものが**パワースペクトル**である．また，さらに対数をとったものが，**対数パワースペクトル**である．

　ソースコード 4.1，4.2 の続きとして，以下を実行する．

ソースコード **4.3**　パワースペクトルへの変換と対数パワースペクトルの表示

```
1   num_bins = int(fft_size/2)+1        # 0Hz 成分を含める
2   power_spectrum = np.zeros((num_bins, frame_length))
3   for t in range(0, frame_length):
4       real_part = complex_spectrum.real[:,t]
5       imag_part = complex_spectrum.imag[:,t]
6       power_part = real_part*real_part + imag_part*imag_part
7       power_spectrum[:,t] = power_part[0:num_bins]
8
9   epsilon = np.exp(-10) # 対数計算のエラーを防ぐための小さな定数
10  log_power_spectrum = np.log(np.maximum(power_spectrum, epsilon))
11  plt.imshow(log_power_spectrum, origin='lower', cmap='jet')
12  plt.show()
```

このソースコードでは，信号の 0 Hz の成分（直流成分）を含めて，257 次元のパワースペクトルを求めている[1]．実行すると，図 4.3 のような対数パワースペクトルのヒートマップが得られるだろう．これをスペクトログラムとよぶ．横軸が時間方向であり，縦軸が周波数方向である．パワーの大きい部分は濃い色（画面では赤色）で表現されているだろう．濃い色の部分がどの周波数のあたりにあるかが重要で，それで音素や音色を区別できそうである．

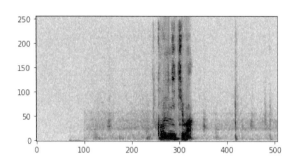

図 4.3 対数パワースペクトルの時系列データ

4.2 音声特徴量の作成

波形データは眺めていてもほとんど意味が見えてこなかったが，前節で得られたスペクトログラムでは音声の様子がわかりやすく感じる．

スペクトル情報を使えば，音声データを使った機械学習を構築できる[2]．たとえば，機器が発する正常動作時の音と異常時の音を機械学習しておいて，動作音で正常か異常かを判定するような仕組みが可能になる．

機械学習モデルへの入力となるベクトルデータのことを特徴量とよぶ．音声データの場合，後述するように，特徴量はスペクトルデータを少し加工したものを使う．スペクトルデータは多次元データなのでベクトルである．特徴量は時間方向にベクトルを並べた時系列データとなる．

音声データを特徴量に変換する処理の流れを図 4.4 に示す．前節で学習したように，音声データはフレーム単位でパワースペクトルに変換される．これをそのまま対数に変換して特徴量として使用する場合もあるが，通常は以下のようにこれを変換し，最終的な特徴量を作成していく．

4.2.1 メルフィルタバンク

図 4.5 のスペクトログラムを見てみよう．人の発声の母音部分（厳密には有声音）には，基本周波数（ピッチ）があるので，スペクトログラム上で，周波数方向に規則的な縞が見られる．

分析対象によるが，この縞々の構造は分析に不要であることも多い．たとえば，人間の「あ」の発声は高い声であっても低い声であっても同じ「あ」である．声の高さは周波数方向の幅の狭い縞々の構造で与えられる．一方で母音の判別の手がかりは，それよりも大きな構造で与えられる．たとえば，「い」の音であれば，およそ 2000 Hz から 3000 Hz までと，500 Hz 以下のあたりにパワーが

---

[1] 0 Hz 成分を除外して 256 次元としてもよい．
[2] 波形データを入力とする機械学習の方式もある．

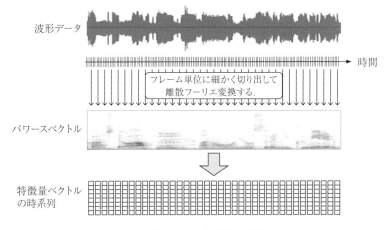

図 4.4　音声データを特徴量に変換する

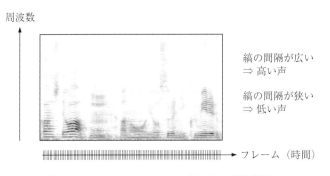

図 4.5　スペクトログラムに見られる調波構造

集中しているところが見られる．それらをフォルマントとよぶ．パワースペクトルの縞々の構造を削除して，大きな構造だけを残すとフォルマントが明確になる．このスペクトルの外形を**スペクトル包絡**とよぶ．母音の判別にはこの情報が有効である．スペクトル包絡を得るために，ここで紹介する**フィルタバンク**を使う．これを適用することで，たとえば 256 次元といったパワースペクトルは 24 次元といった少ない次元の特徴量に変換される[3]．

　もちろん，音楽分析など，基本周波数の情報が重要である分野もある．その場合には，フィルタバンクを適用せずに対数パワースペクトルの特徴量を使用するか，128 次元などの比較的次元の大きいフィルタバンクを適用するとよい[4]．

　図 4.6 にフィルタバンクの処理を示す．24 個の三角形状のフィルタが用意されれば，出力が 24 次元のフィルタバンクとなる．フィルタバンクのフィルタは単に重み係数のセットであり，パワースペクトルの対応する周波数成分にその重みを掛けて合計するという操作を行う[5]．フィルタバンクにはいろいろな種類があるが，図 4.6 に示すように，高周波帯域の解像度を粗く，低周波帯域の解像度を細かくしたものが使われることが多い．特に人間の聴覚特性に合致するように設計したもの

---

[3]　一般的にいって，情報をなるべく失わずに特徴量の次元を減らすことは機械学習の性能を向上させる．ただし，ニューラルネットワークによる深層学習においては，より高次元の特徴量を使用することが多い．

[4]　後述のメルフィルタバンクなどでは，周波数の低い領域では比較的に周波数解像度は高い．次元数が大きければ，基本周波数の情報が残ると考えられる．

[5]　歴史的にはフィルタバンクへの入力はパワースペクトルではなく，その平方根の振幅スペクトルを使用してきた．

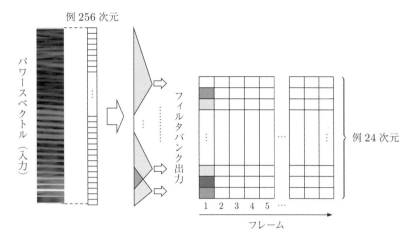

図 4.6 フィルタバンク

をメルフィルタバンクとよび，その出力をメルスペクトルとよぶ．

■ **Python を用いて，メルフィルタバンクを適用する**■

4.1 節で作成したパワースペクトルデータにメルフィルタバンクを適用しよう．現在のところ，scikit-learn や SciPy といった有名どころの Python ライブラリはメルフィルタバンクを提供していない．そこで librosa というライブラリをインストールして使用する[6]．Anaconda Prompt などのターミナルにて，次のようにタイプして実行しよう．

```
conda install -c conda-forge librosa
```

または

```
pip install librosa
```

librosa は音声データを処理するための便利なライブラリで，前述の窓掛け操作や離散フーリエ変換といった機能も提供されている．実際のところ，ライブラリとして librosa だけを使用してソースコードを用意することもできたが，本書では scikit-learn や SciPy をメインに据えて，メルフィルタバンクの機能だけを librosa から借りることにした．

まずは，librosa が提供するメルフィルタバンクを取得する．ソースコード 4.1，4.2，4.3 の続きとして，以下を実行しよう[7]．

ソースコード 4.4 メルフィルタバンク係数行列の取得

```
1  import librosa
2
3  # メルフィルタバンクの係数行列を得る
4  numChannels = 24  # メルフィルタバンクの出力の次元数
5  filterbank = librosa.filters.mel(sr=sampling_rate, n_fft=fft_size, n_mels=numChannels, htk=
      True)
```

---

[6] 本書の執筆時点では，librosa のバージョンは 0.10.0 であった．そのとき NumPy のバージョンは 1.23.5 でないと動作しなかった．

[7] librosa の 0.10.0 より古いバージョンでは，`librosa.filters.mel` の引数に記述されている [sr=] と [n_fft=] の修飾子は不要である．

```
6
7  # メルフィルタバンクの係数行列のプロット
8  fig, ax = plt.subplots()
9  ax.pcolor(filterbank, cmap=plt.cm.Blues)
10 ax.invert_yaxis()
11 plt.show()
```

　実行すると，図 4.7 が表示されるだろう．メルフィルタバンクは係数行列として librosa から提供される．図 4.7 は，これをヒートマップとして可視化したものである．すなわち，出力したいメルスペクトルの次元が 24 で，入力するパワースペクトルの次元が 257 であれば，メルフィルタバンクは縦 24 行・横 257 列の係数行列として与えられる．この行列を 257 次元の縦ベクトルのパワースペクトルに左から掛ければ，24 次元のメルスペクトルが出力される．メルフィルタバンクは，図 4.6 に示すように三角形状の重み係数となっているが，三角形がないところに対応する係数は 0 であることに留意しよう．

　t 番目のフレームのパワースペクトルの第 k 成分を $Y(k,t)$ とする．k はビン番号である．

$$Y(k,t) = |X(k,t)|^2 \tag{4.3}$$

メルフィルタバンクの係数行列を F とし，その (m,k) 成分を $F(m,k)$ で表す．M 次元のメルスペクトル $U(m,t)$ は次のように求められる．

$$U(m,t) = \sum_{k=0}^{K-1} F(m,k)Y(k,t) \tag{4.4}$$

K はパワースペクトルの次元数である．

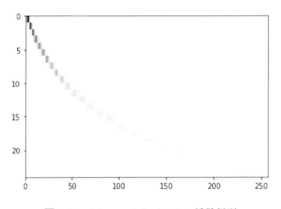

図 4.7　メルフィルタバンクの係数行列

　次に，パワースペクトルをフレームごとに順に取り出してメルフィルタバンクの係数行列に掛けることで，メルスペクトルの時系列を作成する．

　ソースコード 4.1，4.2，4.3，4.4 の続きとして，以下を実行しよう．

ソースコード 4.5　メルスペクトルの生成

```
1  # メルスペクトルへ変換
2  Mel_power_spectrum = np.zeros((numChannels, frame_length))
3  for t in range(0, frame_length):
4      # ここでは振幅スペクトルではなく，パワースペクトルにメルフィルタバンクをかける流儀
5      power_part = power_spectrum[:,t]
```

```
6      mel_power_part = np.dot(filterbank, power_part)
7      Mel_power_spectrum[:,t] = mel_power_part
8
9  # 対数メルスペクトルへ変換    ここでは常用対数ではなく自然対数を使用する流儀
10 log_Mel_power_spectrum = np.log(Mel_power_spectrum)
11 # 対数メルスペクトルの可視化
12 plt.figure(figsize=(12,4))
13 plt.imshow(log_Mel_power_spectrum, origin='lower', cmap='jet', aspect=4)
14 plt.show()
```

生成されたメルスペクトルは，対数をとって対数メルスペクトルに変換される．実行すると，図4.8 のような対数メルスペクトルが表示されるだろう．対数メルスペクトルはそのまま機械学習のための特徴量として使用することもできるし，さらに後述の処理を施してから特徴量とすることもできる．

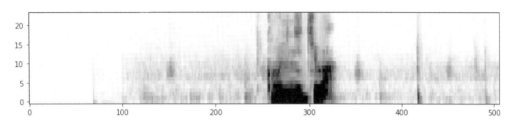

図 4.8 対数メルスペクトルの時系列データ

4.2.2 音声特徴量の正規化

人の発声などの音声データを収録する際には，図 4.9 に示すようにさまざまな変形がなされてしまう．わかりやすい例としては，周囲の環境からやって来る雑音が挙げられる．これは対象とする音声データに足し算されて収録されるので，加法性の音声歪みとよばれる．一方で，音源からマイクまで音が到達するまでに高音域が減衰したり，マイクロフォンやアンプ（増幅器）の特性によって特定の帯域の音声が強調されたり減衰されたりすることがある．この変形は掛け算型の変形となっている．たとえば，アンプの設定で特定の周波数帯域に 2 倍の増幅を掛けた場合には，収録される音声データの対応する周波数帯域は，音声の最初から最後まで，2 倍の変形をもつと考えられる．これを乗法性の音声歪みとよぶ．

これらの歪みを除去するには，平均を引き算すればよい．これは，ほかの一般的な統計データの正規化と似ているが，それを加法性歪みと乗法性歪みの両方について順番に行うことと，平均を算出する区間に注意することが必要である．

加法性歪みを除去するには，雑音パワーの平均値を観測値のパワースペクトルから減算することがよく行われる．この手法をスペクトルサブトラクションとよぶ[8]．発話などの対象音声イベントが発生していない区間（雑音区間）を見出して，そこでパワースペクトルの時間方向の平均値を取得する．減算は周波数帯域ごとに行う．

t 番目のフレームの k 番目の周波数成分（ビン）のパワースペクトルを $Y(k,t)$ とする．雑音の平

---

[8] ただし，スペクトルサブトラクションは雑音が定常であることを想定している．非定常雑音の除去にはより高度な方法が必要である．

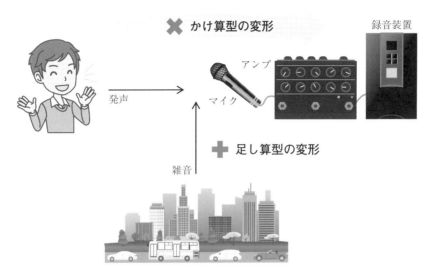

図 4.9 加法性歪みと乗法性歪み

均のパワースペクトルを $R(k)$ とする．スペクトルサブトラクション後のパワースペクトル $\hat{Y}(k,t)$ は次のように求められる．

$$\hat{Y}(k,t) = \max\{(Y(k,t) - \alpha R(k), \beta R(k)\} \tag{4.5}$$

ここで，α は減算係数，β はフロアリング係数である．減算係数は 1 よりも少し大きい値を採用すると性能が良くなることが知られている．フロアリングは $\hat{Y}(k,t) > 0$ としておくためのテクニックで，係数は 0.1 前後の小さい値を使用する．

乗法性歪みを除去するには，やはり平均値を減算すればよい．だが，それを観測値の対数をとってから行うことが重要である．さきほどの例で，データの値がすべて 2 倍となっているケースを考えよう．$2Y(k,t)$ について，対数をとった後のデータは $\log 2Y(k,t) = \log Y(k,t) + \log 2$ となる．$\log 2$ の値がすべてのサンプルに加算されているように見える．そこで，全サンプルの平均値を算出して，それを減算する．補正後のデータの平均はゼロとなり，同時に $\log 2$ の値は消えるわけである．たとえば対数メルスペクトルは対数をとった後のデータなので，それを対象として平均の減算処理をすればよい．発話など対象の音声イベントがある区間を見出して，その対数メルスペクトルの時間方向の平均値を取得し，それを周波数帯域ごとに，観測値の対数メルスペクトルから減算する[9]．

t 番目のフレームのメルスペクトルの第 M 成分を $U(m,t)$ とし，その対数メルスペクトルを $V(m,t)$ とし，対象イベントが観測されている区間の平均の対数メルスペクトルを $Q(m)$ とすると，乗法性歪み除去後の対数メルスペクトル $\hat{V}(m,t)$ は次のように求められる．

$$V(m,t) = \log U(m,t) \tag{4.6}$$

$$\hat{V}(m,t) = V(m,t) - Q(m) \tag{4.7}$$

---

[9] 乗法性歪みの除去は，伝達関数の補正ともよばれる．

▌Python を用いて，加法性歪みの除去を行う▐

ソースコード 4.1，4.2，4.3 の実行によって，パワースペクトルが得られているので，これにスペクトルサブトラクションを施して，加法性歪みの除去を行おう．続きとして以下のソースコードを実行する．

ソースコード 4.6　スペクトルサブトラクションの実行

```python
# 雑音区間の時間 from to を入力する
silence_from_time = float(input("Silence time from:"))
silence_to_time = float(input("Silence time to:"))
silence_from_frames = int(silence_from_time * sampling_rate / frame_shift)
silence_to_frames = int(silence_to_time * sampling_rate / frame_shift)

# 雑音の平均スペクトルを得る
noise_spectrum = np.zeros(num_bins)
for t in range(silence_from_frames, silence_to_frames):
    power_part = power_spectrum[:,t]
    noise_spectrum += power_part
noise_spectrum /= (silence_to_frames - silence_from_frames)

# 雑音の平均スペクトルを減算する
subtraction_factor = 1.5
subtraction_floor = 0.1
power_spectrum_denoised = np.zeros((num_bins, frame_length))
for t in range(0, frame_length):
    power_part = power_spectrum[:,t]
    power_denoised_part = power_part - subtraction_factor*noise_spectrum
    power_denoised_part = np.maximum(power_denoised_part, subtraction_floor*noise_spectrum)
    power_spectrum_denoised[:,t] = power_denoised_part

# SS後の対数パワースペクトルを可視化
log_power_spectrum_denoised = np.log(power_spectrum_denoised)
plt.imshow(log_power_spectrum_denoised, origin='lower', cmap='jet')
plt.show()
```

プログラムを実行すると，雑音区間の開始時刻 (from) と終了時刻 (to) を入力するように求められる．図 4.3 のようなスペクトログラムを見て，雑音区間の時刻を調べればよい．横軸がフレーム単位であるので，100 で割れば秒単位の時刻になる．ここで指定する雑音区間は実際の雑音区間の全部を指定する必要はなく，雑音の状況がよく表れている 1 秒程度の区間を指定すればよい．

実行すると，図 4.10 のようなパワースペクトルが表示されるだろう．図 4.3 と比較すると，発声のない区間で色が薄くなっていることがわかる．

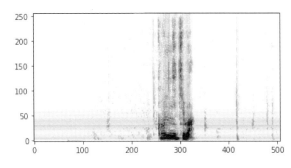

図 4.10　スペクトルサブトラクション適用後の対数パワースペクトル

■**Python を用いて，乗法性歪みの除去を行う** ■

　次に乗法性の歪みを除去しよう．前項のスペクトルサブトラクション適用後のパワースペクトル
を対象にする．まずはこれをメルスペクトルに変換する．ソースコード 4.1，4.2，4.3，4.6 の続き
として，次のソースコードを実行する．

ソースコード **4.7**　スペクトルサブトラクション適用後のパワースペクトルのメルスペクトルへの変換

```
1  # SS後のパワースペクトルにメルフィルタバンクを適用する
2  Mel_power_spectrum_denoised = np.zeros((numChannels, frame_length))
3  for t in range(0, frame_length):
4      # ここでは振幅スペクトルではなく，パワースペクトルにメルフィルタバンクをかける流儀
5      power_part = power_spectrum_denoised[:,t]
6      mel_power_part = np.dot(filterbank, power_part)
7      Mel_power_spectrum_denoised[:,t] = mel_power_part
8  # メルスペクトルを対数化する
9  log_Mel_power_spectrum_denoised = np.log(Mel_power_spectrum_denoised)
10
11 # メルスペクトルの可視化
12 plt.figure(figsize=(12,4))
13 plt.imshow(log_Mel_power_spectrum_denoised, origin='lower', cmap='jet', aspect=4)
14 plt.show()
```

　プログラムを実行すると，図4.11 のような対数メルスペクトルが表示されるだろう．この対数メ
ルスペクトルを対象に乗算性歪みの除去を行う．

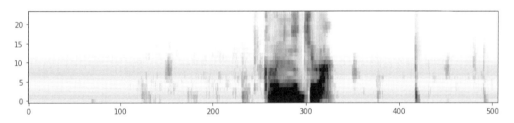

図 **4.11**　スペクトルサブトラクション適用後の対数メルスペクトル

ソースコード 4.1，4.2，4.3，4.4，4.6，4.7 の続きとして，次のソースコードを実行する．

ソースコード **4.8**　乗法性歪みの補正

```
1  # 発話区間の時間 from to を入力する
2  speech_from_time = float(input("Speech time from:"))
3  speech_to_time = float(input("Speech time to:"))
4  speech_from_frames = int(speech_from_time * sampling_rate / frame_shift)
5  speech_to_frames = int(speech_to_time * sampling_rate / frame_shift)
6
7  # 発話区間の平均の対数メルスペクトルを得る
8  log_Mel_speech_mean = np.zeros(numChannels)
9  for t in range(speech_from_frames, speech_to_frames):
10     power_part = log_Mel_power_spectrum_denoised[:,t]
11     log_Mel_speech_mean += power_part
12 log_Mel_speech_mean /= (speech_to_frames - speech_from_frames)
13
14 # 発話区間の平均の対数メルスペクトルを減算する
15 log_Mel_power_spectrum_denoised_normalized = np.zeros((numChannels, frame_length))
16 for t in range(0, frame_length):
17     power_part = log_Mel_power_spectrum_denoised[:,t]
```

```
18    power_normalied_part = power_part - log_Mel_speech_mean
19    log_Mel_power_spectrum_denoised_normalized[:,t] = power_normalied_part
20
21  # 正規化後の対数メルスペクトルの可視化
22  plt.figure(figsize=(12,4))
23  plt.imshow(log_Mel_power_spectrum_denoised_normalized, origin='lower', cmap='jet', aspect=4)
24  plt.show()
```

　プログラムを実行すると，発話区間の開始時刻 (from) と終了時刻 (to) を入力するように求められる．図 4.3 のようなスペクトログラムを見て，発声区間の時刻を調べて入力すればよい．コンマ数秒といった短い非発声区間（ショートポーズ）が，発話区間の途中や先頭，末尾に含まれていても構わない．できるだけ多くの発話変動が含まれた長い区間（数秒以上）であることが望ましい．

　今回の演習では，非発話区間や発話区間の時間情報を手で入力したが，2.3 節で学んだ VAD の技術を用いて，自動で設定することも可能である．

　プログラムを実行すると，図 4.12 のようなパワースペクトルが表示されるだろう．正規化を施す前と比較すると，スペクトル包絡，すなわち周波数方向の起伏がより明確になったと思う．人の発声には音素ごとに特徴的なスペクトル包絡の形があり，識別の手がかりになっている．特に「あ」「い」「う」「え」「お」といった母音では，おおむね 3500 Hz 以下の帯域に 2 つのパワーのピークがある．それらは周波数の低い方から第 1 フォルマント，第 2 フォルマントとよばれている．

　ここまでの処理で作成された対数メルスペクトルの時系列データは，十分に良い特徴量であり，機械学習の入力とするのに申し分ない．

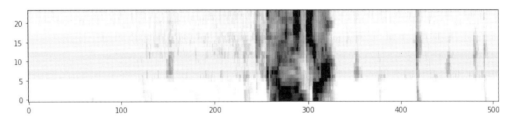

図 4.12　加法性歪みと乗法性歪みを除去した対数メルスペクトル

4.2.3　動的特徴量

　前項までの特徴量は，フレーム単位で作成されており，前後のフレーム間の変化を特徴には含めていない．これを**静的特徴量**とよぶ．一方で，**動的特徴量**というのは，前後の数フレームで静的特徴量がどう変化を計測したものである．これは，「パ」の p の音など，時間方向に急激に変化する子音の特徴をとらえるのに有用である．

　動的特徴量は，着目するフレームの前後の数フレームの静的特徴量を直線で近似（線形近似）してその傾きを求めるものである．これを **Δ 特徴量**とよぶ．図 4.13 では，前後の 1 フレームだけに限定して模式的に示した．前後の 1 フレームだけ見るのであれば，差分を計測することと実質的に変わらない．

　傾きは周波数ごとに計算するので，静的特徴量が 24 次元の対数メルスペクトルであれば，Δ特徴

量も 24 次元である．静的特徴量から Δ 特徴量を求める式を次に示す．

$$\Delta V(m,t) = \frac{\sum\limits_{w=-W}^{W} w\hat{V}(m, t+w)}{\sum\limits_{w=-W}^{W} w^2} \tag{4.8}$$

ここで，W は線形近似を行うために使用する隣接フレームの前方あるいは後方の幅である[10]．

Δ 特徴量について，さらに前後の数フレームを用いて傾きを計算したものを ᵈᵉˡᵗᵃᵈᵉˡᵗᵃ **Δ Δ 特徴量**とよぶ．ΔΔ特徴量を求める式を次に示す．

$$\Delta\Delta V(m,t) = \frac{\sum\limits_{w=-W}^{W} w\Delta V(m, t+w)}{\sum\limits_{w=-W}^{W} w^2} \tag{4.9}$$

音声データを用いた多くの機械学習の例では，図 4.13 の右に示すように，これら静的特徴量，Δ 特徴量，ΔΔ特徴量の 3 つを 1 つの特徴量に結合して用いることが多い．

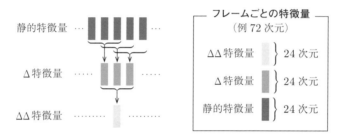

図 4.13 静的特徴量と動的特徴量

Python を用いて，動的特徴量を作成する

静的特徴量を入力して Δ 特徴量を生成しよう．ソースコード 4.1，4.2，4.3，4.4，4.6，4.7，4.8 の続きとして，次のソースコードを実行する．

ソースコード 4.9 Δ特徴量の生成

```
1  # Δ特徴量の作成
2  d_log_Mel_power_spectrum_denoised_normalized = np.zeros((numChannels, frame_length))
3  Kmax = 2
4  for t in range(0, frame_length):
5      numerator = np.zeros(numChannels)
6      denominator = 0.0
7      for k in range(-Kmax, Kmax+1):
8          tk = t+k
9          tk = max(tk, 0)
10         tk = min(tk, frame_length-1)
11         numerator += k*log_Mel_power_spectrum_denoised_normalized[:,tk]
12         denominator += k*k
13     d_log_Mel_power_spectrum_denoised_normalized[:,t] = numerator / denominator
14
15 # Δ特徴量の可視化
```

---

[10] フレームのインデックス $(t+w)$ が対象データの区間をはみ出したら（先頭や末尾を超えたら），区間の先頭と末尾の値を繰り返しコピーして用いることが多い．

```
16  plt.figure(figsize=(12,4))
17  plt.imshow(d_log_Mel_power_spectrum_denoised_normalized, origin='lower', cmap='jet', aspec
        t=4)
18  plt.show()
```

プログラムを実行すると，図 4.14 のような Δ特徴量が表示されるだろう．Δ特徴量は，変数 d_log_Mel_power_spectrum_denoised_normalized に格納されている．

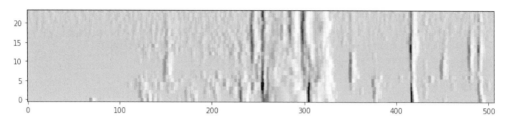

図 4.14 Δ特徴量

次に，Δ特徴量を入力して，ΔΔ特徴量を生成する．

ソースコード 4.1, 4.2, 4.3, 4.4, 4.6, 4.7, 4.8, 4.9 の続きとして，次のソースコードを実行する．

ソースコード 4.10 ΔΔ特徴量の生成

```
1   #  ΔΔ特徴量の作成
2   dd_log_Mel_power_spectrum_denoised_normalized = np.zeros((numChannels, frame_length))
3   Kmax = 2
4   for t in range(0, frame_length):
5       numerator = np.zeros(numChannels)
6       denominator = 0.0
7       for k in range(-Kmax, Kmax+1):
8           tk = t+k
9           tk = max(tk, 0)
10          tk = min(tk, frame_length-1)
11          numerator += k*d_log_Mel_power_spectrum_denoised_normalized[:,tk]
12          denominator += k*k
13      dd_log_Mel_power_spectrum_denoised_normalized[:,t] = numerator / denominator
14
15  #  ΔΔ特徴量の可視化
16  plt.figure(figsize=(12,4))
17  plt.imshow(dd_log_Mel_power_spectrum_denoised_normalized, origin='lower', cmap='jet', aspec
        t=4)
18  plt.show()
```

プログラムを実行すると，図 4.15 のような ΔΔ特徴量が表示されるだろう．ΔΔ特徴量は，変数 dd_log_Mel_power_spectrum_denoised_normalized に格納されている．

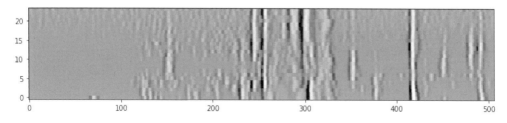

図 4.15 ΔΔ特徴量

　最後に，静的特徴量と Δ 特徴量と $\Delta\Delta$ 特徴量を結合して 1 つの特徴量 $\tilde{V}$ を作成する．

$$\tilde{V} = (\hat{V}^\top, \Delta V^\top, \Delta\Delta V^\top)^\top \tag{4.10}$$

ソースコード 4.1，4.2，4.3，4.4，4.6，4.7，4.8，4.9，4.10 の続きとして，次のソースコードを実行する．

ソースコード 4.11　特徴量の結合

```
1  # 静的特徴量と動的特徴量の結合
2  combined_feature = np.vstack((log_Mel_power_spectrum_denoised_normalized, d_log_Mel_power_sp
       ectrum_denoised_normalized, dd_log_Mel_power_spectrum_denoised_normalized))
3  print(combined_feature.shape)
4
5  # 全特徴量の可視化
6  plt.figure(figsize=(12,4))
7  plt.imshow(combined_feature, origin='lower', cmap='jet', aspect=4)
8  plt.show()
```

　結合された特徴量は，変数 combined_feature に格納される．プログラムを実行すると，図 4.16 のような，結合された 72 次元の特徴量の時系列が表示されるだろう．

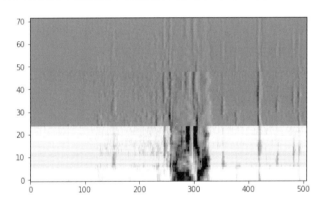

図 4.16　結合された特徴量

<h2>章 末 問 題</h2>

4-1　4.1，4.2 節に従って，手持ちの音声データをパワースペクトルに変換し，雑音減算を行うスペクトルサブトラクションを行え．さらに，それを対数メルスペクトルに変換し，その発話区間の平均を求め，乗算性歪みの除去を実行せよ．その可視化を実行し，その画像を静止画ファイルとして保存せよ．

4-2　前問の作業に引き続き，Δ 特徴量と $\Delta\Delta$ 特徴量を生成し，静的特徴量と統合した特徴量を求めよ．さらにその可視化を実行し，その画像を静止画ファイルとして保存せよ．

4-3　式 (4.8) では，乗法性歪み除去後の対数メルスペクトル $\hat{V}$ を用いて Δ 特徴量を求めた．もし，除去前の対数メルスペクトル V を用いた場合に，Δ 特徴量はどう変化するか回答せよ．

第 **5** 章

音声データの機械学習

―― 本章の目標 ――

- 音声データを使用した機械学習の仕組みを理解する.
- Python を用いて音声データの機械学習を行う.

5.1 音声データの機械学習の基礎

前章で音声データの特徴量を出力する仕組みを学んだ. 特徴量は機械学習への入力となる. 本章では Python を使った実習を通じて, 具体的に音声データの機械学習について学ぶ.

実習では, ESC-50 という環境音のデータベースに含まれる「猫の鳴き声 (cat)」と「赤ちゃんの泣き声 (crying_baby)」の音声データを使用する. 音声を実際に耳で聞くと, 両者は大変よく似ていることに気が付くと思う. そこで今回は, 図 5.1 に示すように入力した音声を「猫の鳴き声」クラスと「赤ちゃんの泣き声」クラスのどちらかに分類する「分類器」のモデルを学習することを目標とする.

モデルの学習時には, 学習データの特徴量をモデルに入力し, その出力が期待される正解になるべく近づくように, モデルの内部のパラメータ（数式を構成する係数など）を更新する. 良いモデルができたかどうかの評価には, 別に用意しておいたテストデータの特徴量を入力し, その出力（推論結果）が期待した正解と同じであるかをチェックする.

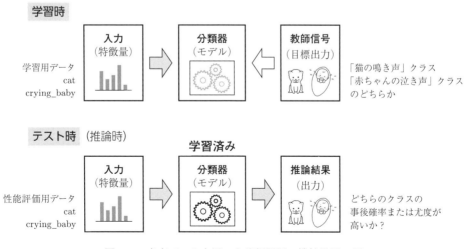

図 5.1 音声データを用いた分類問題の機械学習の例

分類問題の機械学習にはいろいろな方式があるが，今回は例として**全結合**の**深層学習 (DNN,
Deep Neural Network)** モデルを使用する．全結合モデルは，図 5.2 に示すように深層学習の隣り
合う層どうしの素子 (Unit) をすべて重みパラメータで結んだものである．前章までに学習した特徴
量を入力層にフレームごとに順次入力すると，それに対応した推論結果が出力層から順次出力され
る．今回は分類先の**クラス**が cat と crying_baby の 2 つなので，出力層の素子は 2 つとなり，出力
が大きい方の素子に対応するクラスが推論結果となる．推論結果はフレームごとに得られるので，1
つの音声ファイルで得られた複数フレームの出力の平均をとって，大小比較により，最終的な結果
を得ればよい[1]．

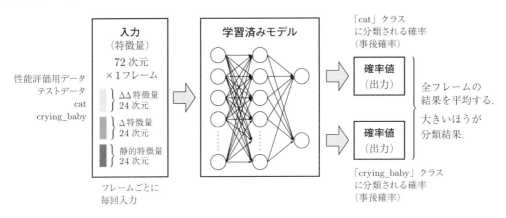

図 5.2　音声データを用いた深層学習モデルの推論動作の例

5.2　音声データの前処理

まずは，実習に使用する ESC-50 データセットをダウンロードしよう．ESC-50 は一般に公開さ
れているデータセットであって，50 種類の環境音が 40 個ずつ合計 2000 個が収録されている．本書
の執筆時点では以下の URL の GitHub 上に公開されている．

`https://github.com/karolpiczak/ESC-50`

このアドレスをインターネットブラウザで開き，Code ボタンを押し，Download ZIP を選択す
れば，データセット全体が入っている ZIP ファイルのダウンロードが始まる（図 5.3 参照）．ダウン
ロードした ZIP ファイルは展開しておこう．

今回は，cat と crying_baby のデータしか使用しない．展開後の audio フォルダから，該当ファ
イルのみをコピーして使用することにする．まずは以下の手順で，入れ物となる空のフォルダを作
成しておこう．

- `c:¥work` の下に audio フォルダと feature フォルダを作成する．
- それぞれのフォルダの下に以下のフォルダを作成する．

---

[1] 長さが可変の音声ファイルに対応するために入力をフレーム単位とし，後で推論結果を統合することが多いが，固定
の長さの入力となることがわかっている場合には全フレームの特徴量を一度にモデルに入力し，それに対する推論結
果を得てもよい．また，フレーム単位の入力の方式であっても，前後数フレームの特徴量をまとめて 1 つの特徴量に
するスプライシングを行ったり，それを 2 次元に配置して畳み込みニューラルネットワーク (CNN) への入力とする
ことで，音声の局所的な変化を学習しやすくすることもよく行われる．

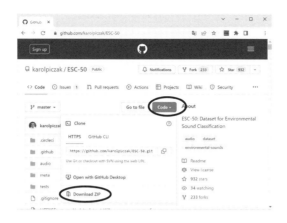

図 5.3 ESC-50 データセットのダウンロード

◇ cat.16k.train

◇ cat.16k.test

◇ crying_baby.16k.train

◇ crying_baby.16k.test

.train が学習用で，.test がテスト用のデータが入るフォルダである．cat と crying_baby それぞれに 40 個の WAV ファイルがあるので，32 個のファイルを.train フォルダに，残り 8 個のファイルを.test フォルダにコピーする．この手順を行うプログラム（ソースコード 5.1）を後掲するので，それを実行すればよい．なお，元の WAV ファイルは 44.1 kHz のサンプリング周波数で収録されているが，本書では 16 kHz で分析を行うので，このプログラムではコピーする際に 16 kHz にダウンサンプリングしている．

作成した feature フォルダは，audio フォルダに入れた WAV ファイルを特徴量に変換したファイルを入れるためのフォルダである．この変換は後で行うが，その下の.train や.test フォルダを含め，この段階でフォルダを作成しておこう．

Python を用いて，データのダウンサンプリングと再配置を行う

以下のソースコード 5.1 を実行し，上記で作成したフォルダに WAV ファイルをダウンサンプリングしつつ配置していこう．ただし実行前にソースコード中の `esc_dir` は，自分が ESC-50 データを展開したフォルダのパス名に変更しておこう．

ソースコード 5.1 wav ファイルの配置

```
1  import pandas as pd
2  import librosa
3  import soundfile as sf
4  from scipy.io.wavfile import write
5
6  # ESC50をダウンロードし，ZIPを展開したフォルダ
7  esc_dir = "c:/download/ESC-50-master/ESC-50-master/"
8  # 個別に取り分けるための以下のフォルダはあらかじめ作成しておくこと
9  output_dir_cat_train = "c:/work/audio/cat.16k.train/"
10 output_dir_cat_test = "c:/work/audio/cat.16k.test/"
11 output_dir_baby_train = "c:/work/audio/crying_baby.16k.train/"
```

```
12 output_dir_baby_test = "c:/work/audio/crying_baby.16k.test/"
13
14 # どのファイルが何であるかのマスターファイルを読み出す
15 label_master = pd.read_csv(esc_dir+"meta/esc50.csv", sep=",")
16 # cat だけ，crying_baby だけのデータフレームを取り出す
17 cat_df = label_master[label_master["category"]=="cat"]
18 baby_df = label_master[label_master["category"]=="crying_baby"]
19
20 ### Cat データ
21 # 学習用とテスト用にデータを分ける
22 num_cat = cat_df.shape[0]
23 num_cat_train = int(num_cat*0.8)
24 num_cat_test = num_cat - num_cat_train
25 print(num_cat, num_cat_train, num_cat_test)
26 # 分割前にシャッフルする
27 cat_list_shuffule = cat_df.sample(frac=1)['filename'].to_list()
28 cat_list_train = cat_list_shuffule[0:num_cat_train]
29 cat_list_test = cat_list_shuffule[num_cat_train:num_cat]
30 # 個別フォルダへコピーする．同時に 16kHz にダウンサンプリングする
31 sampling_rate = 16000
32 for fname in cat_list_train:
33     inputfile = esc_dir+"audio/"+fname
34     outputfile = output_dir_cat_train+fname
35     print(inputfile, outputfile)
36     data, _ = librosa.load(inputfile, sr=sampling_rate)
37     sf.write(outputfile, data, sampling_rate, 'PCM_16')
38
39 for fname in cat_list_test:
40     inputfile = esc_dir+"audio/"+fname
41     outputfile = output_dir_cat_test+fname
42     print(inputfile, outputfile)
43     data, _ = librosa.load(inputfile, sr=sampling_rate)
44     sf.write(outputfile, data, sampling_rate, 'PCM_16')
45
46 ### Crying_baby データ
47 # 学習用とテスト用にデータを分ける
48 num_baby = baby_df.shape[0]
49 num_baby_train = int(num_baby*0.8)
50 num_baby_test = num_baby - num_baby_train
51 print(num_baby, num_baby_train, num_baby_test)
52 # 分割前にシャッフルする
53 baby_list_shuffule = baby_df.sample(frac=1)['filename'].to_list()
54 baby_list_train = baby_list_shuffule[0:num_baby_train]
55 baby_list_test = baby_list_shuffule[num_baby_train:num_baby]
56 # 個別フォルダへコピーする．同時に 16kHz にダウンサンプリングする
57 sampling_rate = 16000
58 for fname in baby_list_train:
59     inputfile = esc_dir+"audio/"+fname
60     outputfile = output_dir_baby_train+fname
61     print(inputfile, outputfile)
62     data, _ = librosa.load(inputfile, sr=sampling_rate)
63     sf.write(outputfile, data, sampling_rate, 'PCM_16')
64
65 for fname in baby_list_test:
66     inputfile = esc_dir+"audio/"+fname
67     outputfile = output_dir_baby_test+fname
68     print(inputfile, outputfile)
69     data, _ = librosa.load(inputfile, sr=sampling_rate)
70     sf.write(outputfile, data, sampling_rate, 'PCM_16')
```

このプログラムでは，librosa と SoundFile というライブラリを使用している．librosa のインストールについては，4.2 節で紹介した．SoundFile は，Anaconda Prompt などのターミナルにて，以下のコマンドでインストールする[2]．

```
conda install -c conda-forge pysoundfile
```

または

```
pip install PySoundFile
```

ここからの処理のイメージを図 5.4 に示す．音声データは複数の WAV ファイルから成るが，学習用のデータとテスト用のデータに分けておく．さらに，それらを特徴量に変換し，特徴量ファイルとして保存する．学習用の特徴量ファイルを用いてモデルを機械学習する．学習済みのモデルはテスト用の特徴量ファイルを用いて推論動作を行い，その性能を評価する．

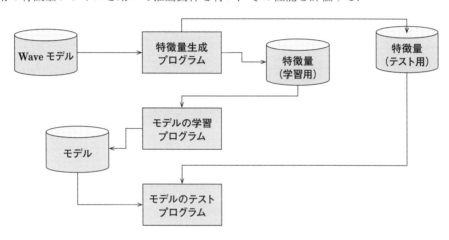

図 5.4 実習の処理ステップ

Python を用いて，波形データファイルを特徴量ファイルへ変換する

以下のソースコードを実行して，audio フォルダの下のフォルダに格納されている wav ファイルを 1 つずつ読み出し，特徴量へ変換した後に，feature フォルダの下の該当のフォルダにファイルとして書き出す[3]．

ソースコード 5.2 特徴量ファイルの生成

```
1  from scipy import signal
2  from scipy.io.wavfile import read
3  import matplotlib.pyplot as plt
```

---

[2] 執筆時の PySoundFile のバージョンは 0.12.1 であった．実行時にエラー (OSError: cannot load library 'libsndfile.dll': error 0x7e) が発生する場合には，次のコマンドを実行すると問題が解消されることがある．
　 conda install -c conda-forge libvorbis
　 または，別の解決方法として，次のコマンドを実行して，PySoundFile ライブラリをいったんアンインストールし，SoundFile ライブラリをインストールすると問題が解消されることがある．
　 conda remove pysoundfile --force-remove
　 pip install SoundFile
[3] librosa の 0.10.0 より古いバージョンでは，librosa.filters.mel の引数に記述されている [sr=] と [n_fft=] の修飾子は不要である．

```
 4  import numpy as np
 5  from scipy.fftpack import fft
 6  import librosa
 7  import glob
 8  import os
 9
10  # 定義
11  fft_size = 512
12  frame_shift = 160
13  frame_size = 320
14  # メルフィルタバンクの出力の次元数
15  numChannels = 24
16
17  # 離散フーリエ変換を行うサブルーチン
18  def do_DFT(data, frame_length):
19      complex_spectrum = np.zeros((fft_size, frame_length), dtype='complex64')
20      xh = np.zeros(fft_size)
21      w = signal.hamming(frame_size) # 窓関数　ハミング窓
22      for t in range(0, frame_length):
23          # フレームごと波形切り出し
24          for d in range(0, frame_size):
25              xh[d] = w[d]*data[t*frame_shift+d]
26          for d in range(frame_size, fft_size):
27              xh[d] = 0.0
28          # 離散フーリエ変換
29          complex_spectrum[:,t] = fft(xh)
30      return(complex_spectrum)
31
32  # パワースペクトルへ変換するサブルーチン
33  def calc_power_spectrum(complex_spectrum, frame_length):
34      num_bins = int(fft_size/2)+1      # 0Hz 成分を含める
35      power_spectrum = np.zeros((num_bins, frame_length))
36      for t in range(0, frame_length):
37          real_part = complex_spectrum.real[:,t].real
38          imag_part = complex_spectrum.real[:,t].imag
39          power_part = real_part*real_part + imag_part*imag_part
40          power_spectrum[:,t] = power_part[0:num_bins]      # 0Hz 成分を含める
41      return(power_spectrum)
42
43  # メルスペクトルへ変換するサブルーチン
44  def calc_Mel_power_spectrum(power_spectrum, frame_length):
45      Mel_power_spectrum = np.zeros((numChannels, frame_length))
46      # メルフィルタバンクの係数行列を得る
47      filterbank = librosa.filters.mel(sr=sampling_rate, n_fft=fft_size, n_mels=numChannels,
        htk=True)
48      for t in range(0, frame_length):
49          # ここでは振幅スペクトルではなく，パワースペクトルにメルフィルタバンクをかける流儀
50          power_part = power_spectrum[:,t]
51          mel_power_part = np.dot(filterbank, power_part)
52          Mel_power_spectrum[:,t] = mel_power_part
53      return(Mel_power_spectrum)
54
55  # 平均正規化を行うサブルーチン
56  def mean_norm(log_Mel_power_spectrum, frame_length):
57      # 平均の対数メルスペクトルを得る
58      # 簡単化のためここでは全区間を対象とする
59      log_Mel_speech_mean = np.zeros(numChannels)
60      for t in range(0, frame_length):
61          power_part = log_Mel_power_spectrum[:,t]
62          log_Mel_speech_mean += power_part
```

```
63      log_Mel_speech_mean /= frame_length
64      # 得られた平均を減算する
65      log_Mel_power_spectrum_norm = np.zeros((numChannels, frame_length))
66      for t in range(0, frame_length):
67          power_part = log_Mel_power_spectrum[:,t]
68          power_normalied_part = power_part - log_Mel_speech_mean
69          log_Mel_power_spectrum_norm[:,t] = power_normalied_part
70      return(log_Mel_power_spectrum_norm)
71
72  # Δ特徴量の作成を行うサブルーチン
73  def calc_delta(feature, frame_length, Kmax):
74      d_feature= np.zeros((numChannels, frame_length))
75      for t in range(0, frame_length):
76          numerator = np.zeros(numChannels)
77          denominator = 0.0
78          for k in range(-Kmax, Kmax+1):
79              tk = t+k
80              tk = max(tk, 0)
81              tk = min(tk, frame_length-1)
82              numerator += k*feature[:,tk]
83              denominator += k*k
84          d_feature[:,t] = numerator / denominator
85      return(d_feature)
86
87  ### ここからメイン
88  # 入力先と出力先の上位フォルダ.
89  input_folder =  "c:/work/audio/"
90  output_folder = "c:/work/feature/"
91  # 処理対象のフォルダ名. 出力先のフォルダはあらかじめ作成しておくこと
92  folders = ["cat.16k.train", "cat.16k.test", "crying_baby.16k.train", "crying_baby.16k.test"]
93
94  # フォルダを順に処理する
95  for folder in folders:
96      # フォルダに入っている WAV ファイルを順に処理する
97      files = glob.glob(input_folder+folder+"/"+"*.wav")
98      for wavefile in files:
99          basename_without_ext = os.path.splitext(os.path.basename(wavefile))[0]
100         output_file = output_folder+folder+"/"+basename_without_ext+".npy"
101         print(wavefile, output_file)
102         # 波形データの読み込み
103         sampling_rate, data = read(wavefile)
104         wav_length = data.shape[0]
105         frame_length = (wav_length - (frame_size - frame_shift)) // frame_shift
106         # 複素スペクトルを得る
107         complex_spectrum = do_DFT(data, frame_length)
108         # パワースペクトルを得る
109         power_spectrum = calc_power_spectrum(complex_spectrum, frame_length)
110         # メルスペクトルを得る
111         Mel_power_spectrum = calc_Mel_power_spectrum(power_spectrum, frame_length)
112         # 対数メルスペクトルへ変換. ここでは自然対数を使用
113         epsilon = np.exp(-10) # 対数計算のエラーを防ぐための小さな定数
114         log_Mel_power_spectrum = np.log(np.maximum(Mel_power_spectrum, epsilon))
115         # 平均正規化を行い静的特徴量を得る
116         log_Mel_power_spectrum_norm = mean_norm(log_Mel_power_spectrum, frame_length)
117         # Δ特徴量を得る k=2
118         d_log_Mel_power_spectrum = calc_delta(log_Mel_power_spectrum, frame_length, 2)
119         # ΔΔ特徴量を得る k=2
120         dd_log_Mel_power_spectrum = calc_delta(d_log_Mel_power_spectrum, frame_length, 2)
121         # 静的特徴量と動的特徴量を結合する
122         combined_feature = np.vstack((log_Mel_power_spectrum_norm, d_log_Mel_power_spectrum,
```

```
          dd_log_Mel_power_spectrum))
123       # 学習用に axis = 0 (縦方向)を, 時間 (フレーム)にする.
124       feature = combined_feature.T
125       # バイナリ形式で保存しておく
126       np.save(output_file, feature)
```

実行したら，以下のフォルダに，拡張子が.npy であるファイルが作成されていることを確認しよう．

- c:¥work¥feature¥cat.16k.train
- c:¥work¥feature¥cat.16k.test
- c:¥work¥feature¥crying_baby.16k.train
- c:¥work¥feature¥crying_baby.16k.test

5.3　深層学習モデルの学習

特徴量ファイルが準備できたので，これを使用して機械学習のモデルを学習しよう．実習で使用する深層学習モデルの構成を図 5.5 に示す．中間層は 2 つで，それぞれ 128 素子の全結合となっている．今回は学習データの量が少ないので，深層学習モデルとしては小さい構成である．

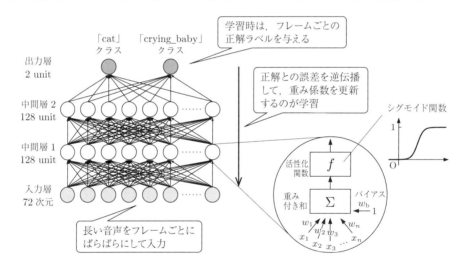

図 5.5　実習の深層学習モデルの構成

▌Python を用いて，深層学習モデルを学習する▐

この実習では，モデルの学習に TensorFlow とそれに含まれる Keras というライブラリを使用する[4]．これらは，以下のコマンドでインストールする．ただし，Anaconda 環境のターミナルからインストールする場合には，conda を使用するが，Anaconda 以外の環境では代わりに pip を使用する．

```
conda install tensorflow
```

---

[4] 古いバージョンの TensorFlow を使用する場合には，Keras が含まれていないので，別途 Keras のライブラリをインストールする必要がある．また，後で紹介するソースコードにおいて，from tensorflow.keras となっている部分を from keras と書き換える必要がある．

ライブラリが入っているかは次のコマンドで確認できる．表示されるバージョンもチェックして
おこう[5]．

```
conda list | find "tensorflow"
```

次のソースコードを実行し，モデルの学習を実行しよう．今回の規模の学習であれば，GPU はな
くても大丈夫である．

ソースコード 5.3 　全結合モデルを学習する

```
 1 from tensorflow.keras.models import Sequential
 2 from tensorflow.keras.layers import Activation, Dense
 3 import matplotlib.pyplot as plt
 4 import numpy as np
 5 import glob
 6
 7 NUM_CLASS = 2
 8
 9 # バイナリ形式でセーブした特徴量データが入っているフォルダ
10 cat_folder = "c:/work/feature/cat.16k.train/"
11 baby_folder = "c:/work/feature/crying_baby.16k.train/"
12 # フォルダに入っている特徴量ファイルを順にロードして結合する
13 files1 = glob.glob(cat_folder+"*.npy")
14 flag = 0
15 for fname in files1:
16     feat = np.load(fname)
17     if flag == 0:
18         feature1 = feat
19         flag = 1
20     else:
21         feature1 = np.vstack([feature1, feat])
22
23 files2 = glob.glob(baby_folder+"*.npy")
24 flag = 0
25 for fname in files2:
26     feat = np.load(fname)
27     if flag == 0:
28         feature2 = feat
29         flag = 1
30     else:
31         feature2 = np.vstack([feature2, feat])
32
33 # 正解ラベルの作成  one-hot
34 label1 = np.zeros((feature1.shape[0], NUM_CLASS))
35 label2 = np.zeros((feature2.shape[0], NUM_CLASS))
36 for i in range(0, label1.shape[0]):
37     label1[i,0] = 1.0  # cat
38 for i in range(0, label2.shape[0]):
39     label2[i,1] = 1.0  # crying_baby
40
41 # 2種のデータを1つにまとめる
42 featureALL = np.vstack([feature1, feature2])
43 labelALL = np.vstack([label1, label2])
```

---

[5] 本書の執筆時点では，TensorFlow のバージョンは 2.10.0，Keras のバージョンは 2.10.0 であった．使用した Python
のバージョンは 3.8.5 であった．TensorFlow をインストールできないときは，
　 conda update --all
　 conda install -c conda-forge tensorflow
を実行すると，問題が解消されることがある．

```
44 dataALL = np.hstack([featureALL, labelALL])
45 NUM_INPUT_DIM = featureALL.shape[1]
46
47 # 学習のために順番をランダムに並び替える
48 np.random.shuffle(dataALL)
49 trainX, trainY = np.hsplit(dataALL, [NUM_INPUT_DIM])
50
51 # ニューラルネットワークの構成を指示する
52 model = Sequential()
53 model.add(Dense(units=128, input_shape=(NUM_INPUT_DIM,), activation='sigmoid'))
54 model.add(Dense(units=128, activation='sigmoid'))
55 model.add(Dense(units=NUM_CLASS, activation='softmax'))
56 model.compile(loss='categorical_crossentropy', optimizer='adam', metrics=['accuracy'])
57
58 # 学習実行
59 history = model.fit(trainX, trainY, validation_split=0.1, batch_size=20, epochs=100)
60
61 # 学習済みモデルを保存するフォルダ. あらかじめ作成しておくこと.
62 model_folder = "c:/work/model/"
63 #保存するファイルの名前
64 model_arc_file = "dnn_cat_cryingbaby"
65 model_weights_file = "dnn_cat_cryingbaby.hdf5"
66
67 # モデルの構造を保存
68 model_arc_json = model.to_json()
69 open(model_folder+model_arc_file, mode="w").write(model_arc_json)
70 # 学習済みのモデルを保存
71 model.save_weights(model_folder+model_weights_file)
```

　プログラムの実行前に，`model_folder` で指定される学習済みモデルを保存するフォルダは，あらかじめ作成しておくようにする．実行後はここにファイルが 2 つ格納されるので，確認しよう．

　モデルのインスタンスは Sequential という関数で作成され，その **add** メソッドを呼び出すことで層を追加していく方式でモデルが構成される．学習の実行は **fit** メソッドである．**fit** の引数で `validation_split=0.1` という指定があり，学習がうまく進行しているかの検証用のデータを学習データから 10 ％取り分けている．この検証結果が，`val_accuracy` として逐次プリントされるのでそれを観察しよう．下の例のように，`val_accuracy` が 1 に近づいていけば学習は良好に進行している．

```
  :
Epoch 99/100
28742/28742 [==============================] - 3s 93us/step - loss: 0.0138
 - accuracy: 0.9954 - val_loss: 0.1792 - val_accuracy: 0.9584
Epoch 100/100
28742/28742 [==============================] - 3s 92us/step - loss: 0.0087
 - accuracy: 0.9973 - val_loss: 0.1776 - val_accuracy: 0.9621
```

　fit の引数の epochs=100 は，学習データ全体を 100 回繰り返して学習するという意味である．`batch_size=20` は，学習データを 20 サンプル入力するごとにモデルの内部パラメータを更新するという意味で，ミニバッチのサイズとよばれる．これらは適宜調整して使用する．

5.4　深層学習モデルによる推論

テスト用の特徴量ファイルを1つずつモデルへ入力する．cat と crying_baby の2種のデータが
あるので，モデルの出力がそれぞれ期待される分類結果になるかどうかをチェックする．

▌Python を用いて，学習済みモデルを評価する▐

次のソースコードを実行し，モデルのテストを実行しよう．

ソースコード **5.4**　学習済みモデルを評価する

```
1  from tensorflow.keras.models import Sequential
2  import matplotlib.pyplot as plt
3  import numpy as np
4  from tensorflow.keras.models import model_from_json
5  import glob
6
7  NUM_CLASS = 2
8  # 学習済みモデルが入っているフォルダ
9  model_folder = "c:/work/model/"
10 model_arc_file = "dnn_cat_cryingbaby"
11 model_weights_file = "dnn_cat_cryingbaby.hdf5"
12
13 # バイナリ形式でセーブした特徴量データが入っているフォルダ
14 cat_folder = "c:/work/feature/cat.16k.test/"
15 baby_folder = "c:/work/feature/crying_baby.16k.test/"
16
17 # テストファイルのリスト
18 files1 = glob.glob(cat_folder+"*.npy")
19 files2 = glob.glob(baby_folder+"*.npy")
20 files = files1 + files2
21
22 # テストの正解データを作成する
23 expected_index1 = np.zeros(len(files1))
24 expected_index2 = np.ones(len(files2))
25 expected_index = np.hstack((expected_index1, expected_index2))
26
27 # 学習済みモデルの構成を読み出す
28 model_arc_json = open(model_folder+model_arc_file, mode="r").read()
29 model = model_from_json(model_arc_json)
30
31 # 学習済みモデルのパラメータを読み出す
32 model.load_weights(model_folder+model_weights_file)
33
34 # テストデータの特徴量を順にモデルへ入力する
35 num_correct = 0
36 num_test = 0
37 for i, featurefile in enumerate(files):
38     feature = np.load(featurefile)
39     NUM_INPUT_DIM = feature.shape[1]
40     # DNNの事後確率を得る
41     pred_prob = np.array(model.predict(feature))
42     # 平均の対数確率を得る.
43     epsilon = np.full(pred_prob.shape, 0.0001)
44     pred_prob_log = np.log(np.maximum(pred_prob, epsilon))
45     pred_prob_log_mean = np.mean(pred_prob_log, axis=0)
46     max_index = pred_prob_log_mean.argmax()
47     if max_index == expected_index[i]:
48         num_correct += 1
49         print(featurefile, pred_prob_log_mean, "correct")
50     else:
```

```
51            print(featurefile, pred_prob_log_mean, "incorrect")
52        num_test += 1
53
54  print("accuracy = ", (num_correct / num_test))
```

　ここでは，`model_from_json` という関数でモデルの構成を読み出し，モデルのインスタンスを作成している．さらに，その `load_weights` メソッドで，保存しておいたモデルのパラメータを復元している．特徴量を入力し，結果を得るのは `predict` メソッドを使う．1 ファイル分の複数フレームの特徴量をまとめて入力し，それに対応する出力層の素子の出力値をベクトルとして，フレーム数分だけの出力結果を取得する．値を対数に変換した後，フレーム方向（時間方向）に平均をとると，出力層の素子数の次元（ここでは 2）のベクトルとなるので，それが一番大きい場所をインデックス番号として `max_index` に格納している．これが期待される値 `expeted_index` と一致していれば correct，一致していなければ incorrect をプリントする．

　実行結果の例を以下に示す．学習済みのモデルの出来栄えは学習の実行ごとに異なるので，これと全く同じになることはない．ただし，誤りとなるケースの数は同程度に収まると思う．

```
c:/work/feature/cat.16k.test\1-47819-B-5.npy [-0.40277633 -8.04101145] correct
c:/work/feature/cat.16k.test\2-110010-A-5.npy [-0.05037537 -8.78936818] correct
c:/work/feature/cat.16k.test\2-82274-B-5.npy [-0.2061445  -8.41487893] correct
c:/work/feature/cat.16k.test\4-133047-A-5.npy [-2.50970912 -3.67065488] correct
c:/work/feature/cat.16k.test\5-169983-A-5.npy [-1.67911787 -5.19575225] correct
c:/work/feature/cat.16k.test\5-172299-A-5.npy [-4.58197142 -2.26081503] incorrect
c:/work/feature/cat.16k.test\5-177614-A-5.npy [-0.02311216 -9.05266028] correct
c:/work/feature/cat.16k.test\5-259169-A-5.npy [-3.43228431e-06 -9.20645933e+00] correct
c:/work/feature/crying_baby.16k.test\1-22694-A-20.npy [-5.97410108 -1.24617975] correct
c:/work/feature/crying_baby.16k.test\2-50666-A-20.npy [-7.00017294 -0.72385863] correct
c:/work/feature/crying_baby.16k.test\3-151080-A-20.npy [-8.29948286 -0.14396796] correct
c:/work/feature/crying_baby.16k.test\3-151081-B-20.npy [-6.06114149 -1.30147315] correct
c:/work/feature/crying_baby.16k.test\3-152007-D-20.npy [-5.77560305 -1.68350672] correct
c:/work/feature/crying_baby.16k.test\3-152007-E-20.npy [-8.60458717 -0.10514718] correct
c:/work/feature/crying_baby.16k.test\4-167077-C-20.npy [-7.8471583  -0.38450646] correct
c:/work/feature/crying_baby.16k.test\5-198411-F-20.npy [-5.75695713 -1.39454574] correct
accuracy = 0.9375
```

　得られた結果を図 5.6 のような混同行列に整理しよう．適合率，再現率，正解率を算出できる．

■ 音声パートのまとめ ■

　この第 5 章までで音声パートは終わりである．パソコンで音声を録音し，その WAV ファイルを Python で読み込み，特徴量ファイルへ変換する手順を学んだ．さらに特徴量ファイルを使用して音声を分類する機械学習モデルを学習する手順を学んだ．

	判定結果	
	cat	crying_baby
正解　cat	7	1
解　crying_baby	0	8

適合率 (Precision)

$$\frac{7}{7+0}$$

	判定結果	
	cat	crying_baby
正解　cat	7	1
解　crying_baby	0	8

再現率 (Recall)

$$\frac{7}{7+1}$$

	判定結果	
	cat	crying_baby
正解　cat	7	1
解　crying_baby	0	8

正解率 (Accuracy)

$$\frac{7+8}{7+1+0+8}$$

図 5.6　猫の鳴き声 (cat) を見つける問題とした場合の適合率，再現率，正解率

章 末 問 題

5-1　5.2, 5.3, 5.4 節に従って実習を行い，テストファイルごとに個別のテスト結果を求めよ．結果は混同行列にまとめ，正解率，適合率，再現率を算出せよ．

5-2　前問と同様に実習を行うが，次のように変更して実行してみよ．

- 学習時のオプティマイザを確率的勾配降下法にする．`optimizer='sgd'`
- 学習の エポック数を 10 に減らす．`epoch=10`

結果を前問と同様にまとめよ．

第 **6** 章

テキストデータの概要

本章の目標

- テキストデータの活用方法を知る.
- テキスト処理の基本単位を理解する.
- Python を用いた基本的なテキスト操作ができるようになる.

　これまでの章では音声データについて述べた. 音声中には, 文字として書き起こせる言語情報だけでなく, それ以外の情報が含まれている. たとえば, 感情や個人性 (年齢や性別) といった情報である. 録音技術がなかった昔は, 音声はその場で消えてしまうものであり, 保存できなかった. そこで, 音声に含まれる言語情報を保存する方法が考えられた. それが文字である. この文字で言語情報を表したものをテキストとよぶ. 本章から 10 章は, このテキストデータについて述べる.

　なお, 本書で述べるテキスト処理は Google Colaboratory (Google Colab) での実行を想定して記述している[1].

6.1　テキストデータの活用事例

　テキスト中にはさまざまな情報が含まれている. はじめに思いつくのは, 言葉の内容に関することであろう. これはテキストの成り立ちを考えれば納得がいく. たとえば, 「誰が何をした」「○○は何円だ」といった事柄についての情報が含まれている. テキストを解析することで, モノ, コト, それらに関する情報, それらの関係, 何らかの事実などを取り出すことができる. しかし, 実世界のテキストは多様であり, 十分に構造化されていないことがほとんどである. このようなテキストデータからの情報の取り出し (理解) は実はそんなに簡単ではない. たとえば, 主語と用言, 目的語が何か, テキスト中の固有名詞の種類 (人名, 地名, 企業名など) が何か, 代名詞が指しているものは何か, 省略されている情報は何か, 最も伝えたいことは何か, などの理解は, 文章が複雑であったり長かったりすると, 日本語であっても, みなさんでも難しいと感じることがあるだろう. しかし現在, 自然言語処理, テキスト解析が進展し, テキストデータからの言語情報の取り出しが高精度にできるようになってきている. また, テキスト中には音声ほどではないが, 言語情報以外の情報も含まれている. たとえば, 文章では直接表現されていないテキストの書き手の思いや感情, 書き手自身の情報 (性別や年齢層) などが, 使用されている単語や言い回し, 文体といった書き方の

---
[1] 自分の計算機でも Python のインストールなど, 実行に必要な環境を構築すれば実行可能である.

くせのようなものとして含まれている．これらも取り出すことができるようになってきている．

　1つ1つのテキストだけを見ていては，見つけにくい情報もある．多くのテキスト（たとえばSNSのテキスト）を分析することで，社会での関心ごとや評判などの情報が見えてくることもある．これはテキストマイニングともよばれ，関心の大きな分野である．このように，テキストデータから新たな価値を見出すことは重要である．現在，膨大なテキストデータがインターネット上や身のまわりにあふれており，さまざまな活用が試みられている．ここではその一部の活用事例を紹介する．

■ 例1　文書分類 ■

　テキストが書かれたものを文書とよぶ．この文書を何らかの基準で分類することが文書分類である．あるニュース記事が何のジャンル（経済やスポーツなど）の記事なのかを分類したり，メールが迷惑メールなのかを分類したりする．自動でいくつかのグループに分けるクラスタリングも行われる．何らかの観点で似ているテキストを集めることができるため，それを調べることで新たな発見が行える可能性がある．

　文書分類それ自体が目的ではなく，手段として使われることも多い．たとえば，図6.1に示すように，対話システムでは，入力の文（文書）がどのような意図（システム操作）に対応するかを分類し，それに基づいて応答を返す，といったように使われる．

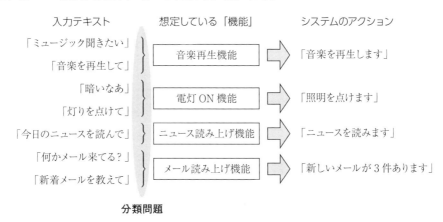

図 6.1　文書分類問題と対話システム

■ 例2　情報検索 ■

　情報検索は，調べたい，見つけたいものについての説明やキーワードを検索要求とし，その内容に合致する文書を探す処理である．Web検索で馴染み深い処理であろう．検索要求テキストと似ている文書をまとめる処理ともいえるので，広い意味では文書分類といえる．たとえば，特許検索は関心が大きい分野であろう．説明文からそれを表す語を求める辞書逆引きや，問題文から解答を求める質問応答なども需要が大きい．音声の検索（音声認識してテキスト化した音声ドキュメントの検索）技術は，コールセンターでの課題分析，講義動画の検索など期待が大きい．

例 3　固有表現認識

人名や企業名，日付，数値，場所といった表現（固有表現）を抽出する技術を固有表現認識という．取り出された固有表現のうち同じ実体（エンティティ）[2]を指している表現をグルーピングする共参照解析[3]や，すでに知っている実体にリンクさせるエンティティ・リンキング[4]などの技術も期待が大きい．

例 4　評判分析・感情分析

口コミサイトや SNS などからの，企業や商品，サービスの評判，ユーザ感情の分析などは需要が大きい．テキストからユーザ評価（星の数）を推定したり，肯定的意見なのか否定的意見なのかを判断したりすることが可能になる．アンケートの自由記述テキストの分析では，アンケートに協力してくれるユーザの意見しか手に入らないが，レビューサイトやアンケートなどには応じないものの SNS で発信しているユーザのテキストを分析できれば，より幅広い意見をリアルタイムで知ることができる．

例 5　著者同定・著者照合

書き手が誰であるのかを見つけるのが著者同定，書き手であると主張する人物とその書き手が一致するかを検証するのが著者照合である．なりすまし防止や本人認証などに応用可能な技術である．また，古典文学作品などで，著者不明や著者とされる人物が疑わしい場合にこのような技術が利用されることもある．

例 6　機械翻訳

機械翻訳とは，テキストを同じ文意をもつ別の言語のテキストに変換する処理である．言葉の壁を乗り越えたコミュニケーションやデータサイエンスを実現するための基礎技術といえる．たとえば外国人観光客がそれぞれの言語で口コミを行った場合，多言語テキスト（言語横断という）の評判分析・感情分析が必要となる．機械翻訳はそのようなところで活躍する．機械翻訳は，ルールベースの翻訳，確率モデルに基づく翻訳を経て，現在ではニューラルネットワークを用いた翻訳システムが成功を収めている．大量のデータで学習したモデルを，手に入るデータが少ない (low-resource) 言語の機械翻訳や，学習データにない言語ペアの翻訳（zero-shot 翻訳）に転移させることも研究されている．

例 7　自動採点・教育支援・学習支援

学校教育などにおいて，試験の答案の採点，誤りの多い箇所の可視化，個々の学習者の能力把握などを行うことや，それに基づく教材作成の支援も需要の大きな課題である．個々の学習者に適した教材の推薦，フィードバックの提示などの学習支援も同様である．外国語学習支援は CALL (Computer Assisted Language Learning) とよばれており，言語処理の果たすべき役割は大きいといえる．

---

[2] たとえば，「滋賀大学」など．
[3] たとえば，「滋賀大学」が現れたテキスト中の「同校」「そこ」などが実体「滋賀大学」を指していることを特定すること．
[4] たとえば，「DS」が「滋賀大学データサイエンス学部」「データサイエンス」など，複数考えられる実体のどれを指しているかを特定すること．

6.2 テキストデータの処理単位

テキストの基本的な処理単位には以下のようなものがある.

1. 文字 (character)
2. 形態素 (morpheme)
3. 単語 (word)
4. n 個組 (n-gram)
5. 文 (sentence)
6. 文書 (document)

このほかに, 句 (phrase) や節 (clause) を考えることもできるが, まずは上記が基本である. それ
ぞれについて, その説明と計算機による表現方法について述べる.

6.2.1 文字

文字と文字コード

文字はテキストの最小単位である. 英語の文字はいわゆるアルファベット (a-z, A-Z) と記号から
なり, 計算機上では, 1 バイト (8 ビット) の数字として表現される. ASCII 文字ともよばれる. 8
ビットでは 256 種類の文字を表現できるが, 日本語の文字を表現しようとすると常用漢字だけでも
2000 種類を超えるため, 2 バイト以上で表現する必要がある. このように, 文字に数字を割り当て
る方式を文字コードという. 計算機システムやテキスト処理プログラムにおいて主に使われており,
目にすることが多いであろう文字コードを表 6.1 にまとめた.

表 **6.1** よく使われる日本語文字コード

Shift_JIS	Windows のシステムでよく使われる. テキスト処理のプログラミングをする際には適さないので, Unicode に変換する.
EUC	Unix や Linux で使われてきた. Unicode に置き換えられている. 古いテキスト処理プログラムでは EUC を仮定していることがある.
Unicode	世界中の文字を統一的に扱おうとしてつくられたコード. テキスト処理では, これが使われている. いろいろな種類があるが, 特に注意がない限り **UTF-8 を使っておけばよい**.

Shif_JIS は Windows でよく使われている文字コードである. ただし, プログラミング中で Shft_JIS
文字コードをそのまま扱うと不具合が起きることがあるため, テキストデータ処理では使わない.
Windows システムやアプリでテキスト作成した場合は文字コードが Shift_JIS となっていることが
あるため, テキスト処理のために後述の Unicode に変換することが重要である. また, テキスト処
理した後のファイルを Windows のアプリで開こうとする場合には, Shift_JIS に変換しないと文字
化けする場合があるので, こちらも注意が必要である.

EUC は Unix や Linux で使われてきた文字コードである. 最近は Unicode に置き換えられてき
ているものの, 古いプログラムなどでは EUC を前提としたものがある.

Unicode は, 世界中の文字を 1 つのコードで表そうとした文字コードである. 最近の Windows
のいくつかのアプリケーションや Linux や Mac ではこれが使われている. Unicode にはいろいろ

種類があるが，特に注意がない場合は **UTF-8** を使っておけばよい．

▎改行コード▎

テキスト処理を行う場合には，改行コードにも気を付ける必要がある．改行コードは文字としては表示されないが文字列の末尾に付けられていることがある．これも種類がいくつかあり注意が必要である．表 6.2 と表 6.3 にまとめた．Google Colab でテキスト処理を行う際には，Linux ベースなので，改行コードは LF にしておく．

表 6.2　改行文字

CR (Carriage Return)	\r	カーソルを行頭に戻す
LF (Line Feed)	\n	カーソルを次の行に送る

表 6.3　OS による改行コードの違い

Windows	CR+LF	CR と LF のセットで改行
Mac	CR	CR 単体で改行．新しい Mac では LF
Unix/Linux	LF	LF 単体で改行

▎文字コード，改行コードの変換▎

テキスト処理を行う前に，文字コードと改行コードを適切なものに変換しておくことが必要である．Python で文字列を変換することもできるが，ここでは事前に文字コードと改行コードを同時に変換しておく方法を紹介する．具体的には，nkf (Network Kanji Filter) を紹介する．Windows でも Linux でもインストールして使うことができる．Google Colab でのインストール方法は以下のとおりである．

```
# インストール
!apt-get install nkf

# ヘルプ
!nkf --help
```

よく使うコマンドは，以下のとおりである．

```
# 文字コードの変換
!nkf -w input.txt > output.txt    # UTF-8 へ変換
!nkf -s input.txt > output.txt    # Shift_JIS へ変換

# 改行コードの変更
!nkf -Lu input.txt > output.txt    # LF へ変換
!nkf -Lw input.txt > output.txt    # CRLF 変換

# よく使う組合せ
!nkf -Lu -w input.txt > output.txt  # Linux 標準 (UTF-8, LF) へ変換
!nkf -Lw -s input.txt > output.txt  # Windows 標準 (Shift_JIS, CRLF) へ変換
```

6.2.2　形態素と単語

▌token と tokenizer ▌

　大まかにいうと，形態素は言語（テキスト）で意味を表す最小単位であり，単語は発話（音声）の最小単位である[5]．これらはテキスト処理における基本単位といえる．英語での単語は，テキストにおいてスペースで区切られており，処理の単位としてわかりやすい．一方，日本語テキストでは分かち書きされていないので，どこからどこまでが1つの形態素や単語であるか，どういう品詞であるか等を調べる必要がある．この処理を形態素解析とよび，そのためのツールを形態素解析器とよぶ．テキスト処理における伝統的な処理単位は形態素や単語，文字や後述の n-gram である．近年は，これらの組合せ（一部は単語で，一部は n-gram など）とすることが多い．処理単位のことを token とよび，形態素解析器などを用いて処理単位に分けることは tokenize や token 化とよばれており，そのツールは tokenizer とよばれる．

▌*n*-gram ▌

　n-gram はある単位の n 個組のことである．文字 n-gram，単語 n-gram などがある．$n = 1, 2, 3$ のときには特別なよび方があり，それぞれ unigram, bigram, trigram とよばれる．「データサイエンスを学ぶ」という文字列を文字 n-gram と単語 n-gram に分割した例を表 6.4 に示す．単語 n-gram で大きい n を用いると複合語やフレーズを処理単位とできる．一般的に n を大きくすると各 n-gram の出現頻度は小さくなり，統計的な性質がうまく推定できなくなる．そのため一定の頻度があるもののみを扱うなどの工夫が必要である．単語を処理単位とすると，実際に処理する場合に未知語（学習時に出現しなかった語）の問題が発生する．一方，文字を単位とするとこの未知語の発生を少なくできる．英語の例で考えると，アルファベット＋いくつかの記号を単位とすると，英文中に未知の文字がなくなる．ただし，各文字は単語ほどの意味をもたない．文字 n-gram を単位とすると，この未知語の問題と文字列の情報量の問題のバランスをとることができると考えられている．実際には先ほども説明したとおり，単語や文字，およびそれらの n-gram を併用してうまく処理単位を決めることが行われている．代表的なものとして，BPE (Byte Pair Encoding)，wordpiece，sentencepiece，などがある．

表 6.4　n-gram の例

	文字 n-gram	単語 n-gram
unigram ($n = 1$)	デ，ー，タ，サ，イ，エ，ン，ス，を，学，ぶ	データサイエンス，を，学ぶ
bigram ($n = 2$)	デー，ータ，タサ，サイ，イエ，エン，ンス，スを，を学，学ぶ	データサイエンスを，を学ぶ
trigram ($n = 3$)	データ，ータサ，タサイ，サイエ，イエン，エンス，ンスを，スを学，を学ぶ	データサイエンスを学ぶ

---

[5]　「お父さん」というのは単語であり，「お」「父」「さん」の3つの意味を表す単位（形態素）からなる．「お」「さん」は丁寧さを表す形態である．これらは単独で発話しないため単語ではない．英語の例では "boys" という単語は，"boy" と "s" の2形態素からなる．

▌token の表現▐

単語などの処理単位 (token) に分割されたテキストを計算機で扱えるように，token をベクトルとして表現する．最も単純な方法として，扱う token の集合（語彙）のサイズが N の際に N 次元ベクトルとして表現する方法がある．各 token に id となる数値を割り当てておき，割り当てられた id 番目の要素のみを 1，それ以外を 0 とする表現方法を1-hot表現とよび，それを表すベクトルを**1-hot ベクトル**表現とよぶ．

次に，**分散表現（埋め込み: embedding）**について説明する．分散表現は，token を 1-hot ベクトルよりも低次元の密なベクトル[6]で表現する方法である．行列分解に基づく手法や確率モデルに基づく手法などが用いられてきた（8.3.2 項参照）．近年は，ニューラルネットワークに基づく方法が実現され，**word2vec** が有名である．word2vec では，単語のベクトルの演算（加減）が意味をもち，大きな驚きがあった[7]．現在のニューラルネットワークベースのテキスト処理では，まず token の 1-hot ベクトルをつくり，それを分散表現に変換して利用することが一般的に行われている．

▌文と文書▐

文は句点で区切られた単位であり，文書とはテキストが書かれたもの（ファイルや紙など）を表すものである．これらも計算機で扱う場合はベクトルとして表現する．伝統的には，文や文書に出てくる各 token の出現頻度を要素とする **Bag-of-Words ベクトル**が用いられていた．さらに，この Bag-of-Words ベクトル表現を潜在意味解析 (LSA) や非負値行列因子分解 (NMF)，潜在的ディリクレ配分法 (LDA) などで密な低次元ベクトルに変換して，文や文書のベクトル表現として用いることも行われてきた[8]．

ニューラルネットワークベースのテキスト処理では，文や文書を構成する token の分散表現を取り出し，それらを用いて文や文書のベクトル表現を得ることが行われる．

6.3　形態素解析

形態素解析は，書かれたテキストがどのような形態素からなるかを調べる処理である．その際，形態素に活用や語尾変化がある場合には，形態素が辞書に載るときの形（基本形）も求めることができる．品詞の詳細な情報や発音を表示させることも可能である．日本語の形態素解析器としては，MeCab, Juman, Sudachi, Janome などがある．Google Colab 上で MeCab を使う方法は次のとおりである．辞書は mecab-ipadic-utf8 とする．辞書を指定しないと初期設定の辞書が選ばれて，本書の例とは出力形式が変わってしまうので，その後のプログラムがうまく動かないので注意しよう．

▌前準備：Google Colab での MeCab 使用のための設定▐

まずは，Google Colab で新しいノートブックを開き，最初のセルに以下を入力しよう．Mecab とその辞書をインストールし，使えるようプログラムの場所 (path) を設定する．

---

[6] ベクトルのほとんどの要素の値がゼロのベクトルを疎なベクトルとよび，ほとんどの要素が非ゼロのベクトルを密なベクトルとよぶ．1-hot ベクトルは疎なベクトルである．
[7] 加法構成性をもつという．
[8] 詳しくは 8 章で学ぶ．

```
# インストール
!apt-get install mecab mecab-ipadic-utf8
!pip install mecab-python3

# path の設定
# コマンドは「エル・エヌ」
!ln -s  /etc/mecabrc /usr/local/etc/mecabrc
```

MeCab の実行

ソースコード 6.1 は，実際に MeCab で形態素解析するサンプルコードである．

ソースコード **6.1**　MeCab の実行

```
1  # ライブラリの読み込み
2  import MeCab
3
4  # 形態素解析器のインスタンス化
5  tagger = MeCab.Tagger()
6
7  # 入力文
8  sentence = "形態素解析を実行し、テキストを形態素へ分割する。"
9
10 # sentence の形態素結果を tokens に入れる
11 tokens = tagger.parse(sentence)
12
13 # 解析結果の出力
14 print(tokens)
```

以下のような結果が出力されるはずである．出現形，品詞情報，基本形，ヨミ，発音などが出力される．Google Colab でこのような結果が表示されない場合は，前準備の設定が正しいか確かめること．

```
形態素    名詞,一般,*,*,*,*,形態素,ケイタイソ,ケイタイソ
解析     名詞,サ変接続,*,*,*,*,解析,カイセキ,カイセキ
を      助詞,格助詞,一般,*,*,*,を,ヲ,ヲ
実行     名詞,サ変接続,*,*,*,*,実行,ジッコウ,ジッコー
し      動詞,自立,*,*,サ変・スル,連用形,する,シ,シ
、      記号,読点,*,*,*,*,、,、,、
テキスト  名詞,一般,*,*,*,*,テキスト,テキスト,テキスト
を      助詞,格助詞,一般,*,*,*,を,ヲ,ヲ
形態素    名詞,一般,*,*,*,*,形態素,ケイタイソ,ケイタイソ
へ      助詞,格助詞,一般,*,*,*,へ,ヘ,エ
分割     名詞,サ変接続,*,*,*,*,分割,ブンカツ,ブンカツ
する     動詞,自立,*,*,サ変・スル,基本形,する,スル,スル
。      記号,句点,*,*,*,*,。,。,。
EOS
```

6.4　基本的なテキスト操作

Google Colab と Python を用いた基本的なテキスト操作を学ぶ．具体的には，テキストファイルの入出力とテキストを token 化することを学ぶ．

6.4.1　テキストファイルの読み込み

次に，テキストファイルを読み込む方法を説明する．Google Drive にテキストファイルを置いておき，Google Colab から Google Drive 上のファイルを読み込む方法を説明する．Google Drive のマウント方法は以下のとおり．

```
1  from google.colab import drive
2  drive.mount('/content/drive')
```

「Mounted at /dontent/drive」と表示されれば成功である．

次に，テキストファイルが所定の場所（ディレクトリ）に置かれているかを確認する．

```
!cat '/content/drive/MyDrive/Colab Notebooks/NLP/corpus.txt'
```

本章では Google Drive の下の Colab Notebooks に NLP というディレクトリをつくり，その下に日本国憲法前文[9]を記述したテキストファイル (corpus.txt) が作成されていること，corpus.txt の文字コードは UTF-8，改行コード LF となっているものとする．きちんと指定場所に corpus.txt が保存されていれば，corpus.txt の内容が表示されるはずだ．その後，以下のコードで読み出してみよう．

ソースコード **6.2**　ファイル読み込みサンプルコード

```
1  # ファイル名を指定
2  file = '/content/drive/MyDrive/Colab Notebooks/NLP/corpus.txt'
3
4  # ファイルを開く（こう書いておておくと自動で close してくれる）
5  with open(file) as f:
6      sentence = f.read()  # read()ですべてを読み込む
7
8  print(sentence)
```

6.4.2　テキストの token 化

テキスト処理の基本的な最初のステップは，与えられたテキストを token 化することである．次に，token の数を数え，頻度に基づいて使用する token のリスト（語彙）を構成するなどの処理が行われる．ここでは，MeCab による形態素解析結果から token を構成し，その総数や各 token の頻度を求める方法を説明する．

日本語では動詞などの活用のある語には，基本形（たとえば「する」）と活用形（「し」「すれ」など）がある．まずは，テキストに含まれる文字列を形態素に分割し，テキストに出現した形（「し」「すれ」）のまま token 化しよう．出現した形は，出現形や表層形などとよばれる．

MeCab.Tagger("-F'%m\n'") とすることで，出現形のみを改行区切りで出力するための形態素解析器 tagger_surface を設定することができる[10]．サンプルコードは以下のとおりである．Google Colab を使用していて improt Mecab のところでエラーが出る場合は，6.3 節の前準備を実行すること．

---

[9] 青空文庫 (https://www.aozora.gr.jp/cards/001528/card474.html)，e-Gov 法令検索 (https://elaws.e-gov.go.jp/) から日本国憲法の全体を取得可能．

[10] クラスから実際の処理をする実体を取り出す処理であり，インスタンス化という．詳しくはオブジェクト指向プログラミングを学ぶこと．

ソースコード **6.3** 出現形を token とする token 化

```
 1  import MeCab
 2
 3  # 形態素解析器のインスタンス化
 4  tagger_surface = MeCab.Tagger("-F'%m\n'") # 出力形式を「出現形+改行」とする
 5
 6  sentence = '形態素解析を実行し、テキストを形態素へ分割する。'
 7
 8  # 解析結果（出現形）
 9  tokens_surface = tagger_surface.parse(sentence)
10  print(tokens_surface)
```

`print(tokens_surface)` の結果は次のとおりである.

```
形態素
解析
を
実行
し
、
テキスト
を
形態素
へ
分割
する
。
EOS
```

続いて，以下のコードを実行することで，各 token（出現形）の数を数えることができる.

ソースコード **6.4** token のカウント

```
 1  # 辞書を用意
 2  tokendict = {}
 3
 4  # 文字列 tokens_surfaceを改行で区切って tokenからなるリストを作成する
 5  tokens = tokens_surface.splitlines()
 6
 7  # tokenのカウント. EOSはカウントしない
 8  # 辞書にtokenがあれば頻度を+1，なければ頻度=1とする
 9  for token in tokens:
10      if token != 'EOS':
11          if token in tokendict:
12              tokendict[token] += 1
13          else:
14              tokendict[token] = 1
15
16  print(tokendict)
```

この例では，以下のように token とその頻度が求まる.

```
{'形態素': 2, '解析': 1, 'を': 2, '実行': 1, 'し': 1, '、': 1, 'テキスト': 1, 'へ': 1, '分
割': 1, 'する': 1, '。': 1}
```

6.4.3　ファイルへの書き込み

　解析した結果などのテキストをテキストファイルに書き込む方法について述べる．ファイルを書き込みモード mode='w' で開き，write で書き込むことができる．サンプルコードは次のとおりである．

ソースコード **6.5**　ファイル書き込み

```
1  # ファイル名を指定
2  file = '/content/drive/MyDrive/Colab Notebooks/NLP/outfile.txt'
3  string = "書き込みたいテキスト"
4
5  # ファイルを開く（こう書いておくと自動で closeしてくれる）
6  with open(file, mode='w') as f:
7      f.write(string)
```

以下のコマンドで書き込めたかが確認できる．

```
!cat '/content/drive/MyDrive/Colab Notebooks/NLP/outfile.txt'
```

ファイル (corpus.txt) を読み込み，その形態素解析結果を保存するプログラムは以下のとおりである．

ソースコード **6.6**　形態素解析とその結果の保存

```
1  import MeCab
2
3  # 入力ファイル名を指定
4  infile = '/content/drive/MyDrive/Colab Notebooks/NLP/corpus.txt'
5
6  # ファイルを開く（こう書いておくと自動で closeしてくれる）
7  with open(infile) as f:
8      sentence = f.read()   # read()ですべてを読み込む
9
10
11 # 形態素解析器のインスタンス化
12 tagger_surface = MeCab.Tagger("-F'%m\n'") # 出力形式を「出現形+改行」とする
13 tokens_surface = tagger_surface.parse(sentence)
14
15 # ファイル名を指定
16 outfile = '/content/drive/MyDrive/Colab Notebooks/NLP/tokenized_corpus.txt'
17
18 # ファイルを開く（こう書いておておくと自動で closeしてくれる）
19 with open(outfile, mode='w') as f:
20     f.write(tokens_surface)
```

以下のコマンドで書き込めたかが確認できる．

```
!cat '/content/drive/MyDrive/Colab Notebooks/NLP/tokenized_corpus.txt'
```

```
日本
国民
は
、
正当
に
選挙
```

```
さ
れ
た
国会
における
代表
者
を通じて
行動
し
...
```

章 末 問 題

6-1　6.2 節を参照して，任意の日本語テキストについて，Linux 標準の文字・改行コードと Windows 標準の文字・改行コードに相互変換せよ．

6-2　6.3 節に従って形態素解析器を動かし，結果を確認せよ．

6-3　6.4 節に従ってファイルを読み込み，テキストを取り出した上で形態素解析し，その結果をファイルに保存せよ．

第 **7** 章

テキストの処理単位とその統計量

本章の目標

- Python を用いてテキストから単語や n-gram とその頻度を取り出せるようになる.
- 統計的言語モデルの基本を理解する.

日本語において, どのような単語や語句が出現しやすいだろうか. 直感的にではなく, 大量のデータに基づいて単語や語句の出現確率, それらが同時に出現する共起確率を求めることで見えてくることがある.

日本語とひとくくりにしたが, 話題や文学作品ごとに出現しやすい単語は異なる. たとえば, 2つのテキストに対して単語の確率分布を比較し, 分布が近ければ「話題が似ている」「著者が同じである」などといったことがわかる可能性もある.

この章では, 単語の出現確率の求め方とその簡単な応用例について学ぶ. なお, ここでの「単語」とは形態素解析器が区切った単位こととする.

7.1 単語の出現確率

単語の出現確率を求めるためには, テキスト中の全単語の数と各単語の出現回数が必要である. 第6章で, MeCab を用いてテキストを形態素に分割し, 出現形と頻度を求めることを学んだ. 本節では, この頻度情報を用いて単語の出現確率のモデル(確率モデル)を訓練する方法を学ぶ.

7.1.1 特徴的な単語とその頻度の可視化

確率モデルに入る前に, テキストに特徴的な単語を眺めてみよう. 助詞などは, どのような文書にも高頻度で出てくるので, まずは, 名詞, 形容詞, 動詞だけを単語として取り出そう. 活用のある語(今回では, 形容詞と動詞)については, その基本形を取り出すことにする. 形態素解析器にはMeCab を使う. 辞書に mecab-ipadic-utf8 を設定するのを忘れないようにしよう. ここでは, 基本形の取り出しに MeCab の `parseToNode` メソッドを使う. また, カウントには第6章で行ったような自作コードではなく Python の `collections` の `Counter` を使ってみよう(ソースコード 7.1参照).

ソースコード 7.1 Counter を使った単語カウント

```python
import MeCab
from collections import Counter

def get_parsed(sentence):
    '''
    MeCabで形態素解析し，名詞，形容詞，動詞を取り出す
    辞書は mecab-ipadict-utf8
    node = tagger.parseToNode() を使って基本形 (node.featureの7番目)
    を取り出す．基本形がない場合 (*となる場合) は表層形を取り出す．
    '''
    target_pos = ['名詞', '形容詞', '動詞']
    node = tagger.parseToNode(sentence)
    tokens = []

    while node:
        pos = node.feature.split(',')[0]
        surface = node.surface
        base = node.feature.split(',')[6]
        if pos in target_pos:
            if base == '*':                # baseが空 (*)のときがある
                tokens.append(surface)   # surfaceを取り出す
            else:
                tokens.append(base)
        node = node.next

    return tokens

# メインプログラム
infile = '/content/drive/MyDrive/Colab Notebooks/NLP/corpus.txt'   # 読み込むテキストファイル
tokens = [] # 形態素解析結果 (token) を保存するリスト

with open(infile) as f: # ファイルオープン
    sentences = f.readlines()
tagger = MeCab.Tagger() # 形態素解析器のインスタンス生成

for sentence in sentences:
    tokens.extend(get_parsed(sentence))   # tokenizeした結果をリストに追加

tokenCounter = Counter(tokens)
print(tokenCounter)
```

corpus.txt は第 6 章でも用いた日本国憲法前文を記述したものである．頻度 3 以上のものを出力すると以下のようになる．単語の後ろの数字がその単語の頻度を表す．

する:	26	国民:	11	われ:	7	ら ：	7	こと:	6	これ:	4
平和:	4	日本:	3	憲法:	3	もの:	3	つて:	3		

7.1.2 Zipf の法則

どのような言語においても，単語 w の出現数に基づく順位 $r(w)$ とその単語の頻度 $c(w)$ の間に

$$c(w)r(w) \fallingdotseq 一定$$

という反比例の関係があることが知られている．出現順位と頻度に関するこのような関係はZipfの法則として知られている[1]．

たとえば，出現頻度2位の単語の出現数は，1位の単語の出現数のおおよそ半分である．先ほどの日本国憲法前文の出力の例で確認しよう（表 7.1）．同じ頻度のものの順位は順不同である．

表 7.1 Zipf の法則の確認

順位	語	頻度	順位 × 頻度
1	する	26	26
2	国民	11	22
3	われ	7	21
4	ら	7	28
5	こと	6	30
6	これ	4	24
7	平和	4	28
8	日本	3	24
9	憲法	3	27
10	もの	3	30
11	つて	3	33

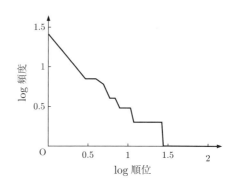

図 7.1 log 順位と log 頻度のグラフ（Zipf の法則）

名詞，形容詞，動詞だけを抽出したこの小さなデータでも傾向が確認できたのではないだろうか．なお，この $c(w)$ と $r(w)$ の両方について対数をとり，それらの関係をグラフに表すと右肩下がりの直線が現れる．

$$\log c(w) \fallingdotseq -\log r(w) + 一定$$

Zipf の法則が成り立っているかをいろいろなコーパスや言語で試してみるとよいだろう．図 7.1 は，先ほど求めた日本国憲法前文の単語頻度 (tokenCounter) を使って両対数グラフを書いた結果である．これを求めたコードはソースコード 7.2 のとおりである．

```
# 図中に日本語文字を表示させるためにインストール
!pip install japanize-matplotlib
```

ソースコード 7.2 log 順位と log 頻度のグラフプロット

```
1  import matplotlib.pyplot as plt
2  import japanize_matplotlib
3  import numpy as np
4
5  tokencount = dict(sorted(tokenCounter.items(), key=lambda i: i[1], reverse=True))
6  words, count = zip(*tokencount.items())
7
8  logcount = np.log10(np.array(count))
9  logrank = np.log10(np.arange(1, len(words)+1))
10
11 plt.plot(logrank, logcount)
12 plt.xlabel('log 順位')
13 plt.ylabel('log 頻度')
14 plt.show()
```

[1] 言語に限らず，ほかにも成り立つものがたくさんある．

7.1.3　単語 n-gram の頻度

確率モデルの訓練のために，単語 n-gram の頻度を数えよう．まずは $n=1$ とし，単語そのもので
ある単語 unigram をカウントしよう．先ほどと同様だが，ここでは助詞なども含めてすべての語をカ
ウントする．また，活用のある語は基本形に戻さず出現形（surface という）でカウントする．7.1.1
項にあわせて parseToNode を用いているが，第6章で書いたように MeCab.Tagger("-F'%m\n'")
のようにインスタンス化して parse で取り出しても構わない．

ソースコード **7.3**　単語の出現形 (surface) の頻度カウント

```
 1  import MeCab
 2  import re
 3  from collections import Counter
 4
 5  def get_parsed(sentence):
 6      '''
 7      sentence: 入力テキスト
 8      MeCabでsentenceを形態素解析し，出現形（surface）を取り出す．
 9      辞書は mecab-ipadict-utf8
10      '''
11
12      node = tagger.parseToNode(sentence)
13      tokens = []
14
15      while node:
16          tokens.append(node.surface)
17          node = node.next
18
19      tokens[0] = '<s>'    # 段落はじめのBOSを<s>に
20      tokens[-1] = '</s>'  # 段落終わりのEOSを</s>に
21
22      return tokens
23
24  # メインプログラム
25  infile = '/content/drive/MyDrive/Colab Notebooks/NLP/corpus.txt' # 読み込むテキストファイル
26  tokens = [] # 形態素解析結果（token）を保存するリスト
27
28  with open(infile) as f: # ファイルオープン
29      sentences = f.readlines()
30  tagger = MeCab.Tagger() # 形態素解析器のインスタンス生成
31
32  for sentence in sentences:
33      tokens.extend(get_parsed(sentence))   # tokenizeした結果をリストに追加
34
35  tokenCounter = Counter(tokens)
36  print(tokenCounter)
```

次に単語の n 個組，すなわち単語 n-gram の頻度をカウントしよう．まずは $n=2$ の単語 bigram
をカウントする．bigram を作成する方法は以下のとおりである．token 列を得た後に，単に1つ前
の token と現在の token をタプルにしてリストに加えていく．$n=3$ の単語 trigram のカウント時
には，range(2,len(tokens)) とし，(token[i-2], token[i-1], token[i]) のタプルをリス
トに加えれば（append すれば）よい．

ソースコード **7.4**　単語 bigram の取り出し

```
1  bigrams = []
2  for i in range(1, len(tokens)):
3      bigrams.append((tokens[i-1], tokens[i]))
4
5  for bigram in bigrams:
6      print(bigram)
```

日本国憲法前文を使って，単語 bigram を求めると以下のような結果になるだろう．

```
('<s>', '日本')
('日本', '国民')
('国民', 'は')
('は', '、')
('、', '正当')
('正当', 'に')
...

('達成', 'する')
('する', 'こと')
('こと', 'を')
('を', '誓')
('誓', 'ふ')
('ふ', '。')
('。', '</s>')
```

この 1 つ 1 つの bigram を token として，つまり単語のように扱って頻度をカウントすれば（ソースコード 7.5），単語 bigram のカウントが求まる（表 7.2）．

ソースコード **7.5**　単語 bigram のカウント

```
1  bigramCounter = Counter(bigrams)
2  print(bigramCounter)
```

表 7.2　高頻度単語 bigram

('は', '、') :	11	('し', '、') :	9	('われ', 'ら') :	7	('こと', 'を') :	4	('する', '。'):	4
('ら', 'は') :	4	('。', '</s>'):	4	('<s>', '日本'):	3	('日本', '国民'):	3	('国民', 'は'):	3
('、', 'この'):	3	('国民', 'の'):	3	('もの', 'で'):	3	('あ', 'つて'):	3	('つて', '、'):	3
('、', 'その'):	3	('は', '国民'):	3	('。', 'われ') :	3	('</s>', '<s>') :	3	('平和', 'を'):	3
('、', '平和'):	3	('し', 'て') :	3						

なお，高頻度の単語 trigram は表 7.3 のとおりである．

表 7.3　高頻度単語 trigram

('われ', 'ら', 'は'):	4	('ら', 'は', '、') :	4	('<s>', '日本', '国民'):	3	('日本', '国民', 'は'):	3
('国民', 'は', '、'):	3	('あ', 'つて', '、'):	3	('。', 'われ', 'ら') :	3	('。', '</s>', '<s>') :	3

「日本国民は」や「われらは」といった表現からはじまる文（その前に「。」や「<s>」があることに着目）が多く，日本国憲法前文では「日本国民」の決意が述べられていることが伝わってくる．また bigram からは「平和を」がキーワードでありそうなことも見えてくる．なお，「平和を」に続く言葉はわからないので，テキストマイニングにおいては，ここから元のテキストをあたって確認し

ていく作業が必要となる．このように，単語 n-gram の頻度上位のものを眺めているだけでも，ある程度テキストの特徴が見えてくる．

7.2 統計的言語モデル

単語やその n-gram の頻度を求めることができるようになった．頻度上位のものを確認することで，テキストに対し何らかの特徴も見えそうであることもわかった．しかし，このようなテキスト分析にはスキルが求められる．さらに分析者の主観の影響が大きい．

単語や n-gram の出現確率の分布を求め，それに基づいてテキストの特徴を説明することで，より客観的に分析結果を語ることができるようになる．ここでは，頻度情報から出現確率の分布を求める方法について学ぶ．

■ 単語 n-gram の出現確率 ■

与えられたテキスト集合（これをコーパスという）の単語の出現頻度から単語の出現確率を求める方法として，最尤推定がある．最尤推定では，単語 w（$n=1$ の unigram）の出現確率 $P(w)$ は，

$$P(w) = \frac{c(w)}{N} = \frac{c(w)}{\sum_{w'} c(w')}$$

となる．ここで，$c(w)$ は単語 w の出現回数，$\sum_{w'} c(w')$ はすべての w' についての出現回数の和であり，コーパス全体での単語の総数 N である．本章では詳細は説明しないが，最尤推定では実用上の問題がある．コーパスに現れなかった単語（未知語）の出現確率が 0 になってしまう，頻度の低い語の統計量の信頼性が低い，という問題である．この問題に対してはスムージングという方法が使われる．

次に，$n=2$ のときの単語 bigram w_1, w_2 の出現確率 $P(w_1, w_2)$ について考えよう．コーパス中の単語の総数が N のとき，単語 bigram の総数も N である[2)]．最尤推定では，bigram w_1, w_2 の出現確率 $P(w_1, w_2)$ は，その bigram の出現頻度 $c(w_1, w_2)$ を用いて

$$P(w_1, w_2) = \frac{c(w_1, w_2)}{N}$$

となる．出現確率 $P(w_1, w_2)$ は $P(w_1)$ と w_1 の直後に w_2 が出現する条件付き確率 $P(w_2 \,|\, w_1)$ を用いて

$$P(w_1, w_2) = P(w_2 \,|\, w_1) P(w_1)$$

と表すことができ，この条件付き確率 $P(w_2 \,|\, w_1)$ を単語 bigram 言語モデル確率という．

$$P(w_1, w_2) = \frac{c(w_1, w_2)}{c(w_1)} \frac{c(w_1)}{N}$$

が成り立ち，$\frac{c(w_1)}{N} = P(w_1)$ であることより，$P(w_2 \,|\, w_1) = \frac{c(w_1, w_2)}{c(w_1)}$ である．単語 w_1 の出現回数で，bigram w_1, w_2 の出現回数（w_1 の後に w_2 が出てきた回数）を割ることで単語 bigram 言

[2)] 実際は $N-1$ 個になるので，先頭単語の前にダミー単語を入れて N 個にする（パディング）．

語モデル確率が求まることがわかる．$n = 3$ 以上の n-gram 言語モデル確率も同様に，n 個組の出現回数を $n - 1$ 個組の出現回数で割って求められる．

$$P(w_n \mid w_1, w_2, \ldots, w_{n-1}) = \frac{c(w_1, w_2, \ldots, w_{n-1}, w_n)}{c(w_1, w_2, \ldots, w_{n-1})}$$

ただし，n が大きくなると n-gram の出現頻度が少なくなり，このように最尤推定で求まる n-gram 言語モデル確率は真の n-gram 言語モデル確率からずれてしまうことがある．このため n は適当な値（3〜7 程度が多い）にする．

n-gram 頻度だけでなく，n-gram 言語モデル確率が与えられれば，さらにテキストの特徴を見出すことができるようになる．特定の人物，人物集団（性別や年齢，賛成や反対）のテキスト表現のくせや特徴の分析に役立つ可能性がある．

単語 n-gram 言語モデルを用いると $n - 1$ 個組の単語列に接続しやすい単語を予測できるため，音声認識や機械翻訳などに用いられてきた．最近では深層学習に基づく言語モデル（LSTM やTransformer など）により接続単語の予測精度が大きく向上し，要約やプログラムコードの生成，自動応答（チャット）などさまざまな分野で活用されている．

文の出現確率とパープレキシティ

学習した n-gram 言語モデルを使って，与えられた文の出現確率を求めてみよう．文は単語から構成されるため，文の出現確率はそれを構成する単語や n-gram の確率から計算できる．trigram ($n = 3$) 言語モデルを用いる場合，文 $S = w_1, w_2, \ldots, w_n$ の出現確率は以下のように計算（近似）できる．

$$P(w_1, w_2, \ldots, w_n) = P(w_n \mid w_{n-2}, w_{n-1}) P(w_{n-1} \mid w_{n-3}, w_{n-2}) \cdots P(w_3 \mid w_1, w_2) P(w_2 \mid w_1) P(w_1)$$

文の出現確率は単語長に依存し，長くなればなるほど小さい値になる．そこで，1 単語あたりの平均確率 $P(w_1, w_2, \ldots, w_n)^{\frac{1}{n}}$ を考える．実際には，平均確率の逆数をパープレキシティ (PPL) とよび，それを利用することが多い．

$$\text{PPL} = P(w_1, w_2, \ldots, w_n)^{-\frac{1}{n}}$$

定義よりパープレキシティが小さいほど文の出現確率が高いことになる．モデル学習に用いなかった文（テストセット）に対するパープレキシティが低い場合は，そのモデルはテストセット文を予測しやすい，テストセット文はそのモデルから出現しやすいといえる．これによりテキストの分類や，テキスト表現の自然さの評価ができる．

7.3 統計的言語モデルによる文書分類

統計的言語モデルを利用した簡単な文書の分類方法を紹介する．ここでは，迷惑メールとそうでないメールの判別を例にとり，ナイーブベイズ法を紹介する．

まず，迷惑メール (Junk) とそうでないメール (Normal) をそれぞれ大量に集めることができたとする．新たに来たメール $M = w_1, w_2, \ldots, w_n$ をどちらと判断したらよいだろうか．

観測データを決められたクラスのいずれかに分類する処理はパターン認識とよばれる．最も単純な分類規則は，パターン M（ここではメールの単語列）を受け取ったときに，それがあるクラスに属す

る事後確率を求めて，事後確率が最大のクラスに分類するというものである．迷惑メール分類問題ではクラスは迷惑メール (Junk) とそうでないメール (Normal) であり，$P(\text{Junk} \mid M)$, $P(\text{Normal} \mid M)$ を求めて，事後確率が高いほうのクラスに分類すればよい．$P(\text{Junk} \mid M)$, $P(\text{Normal} \mid M)$ は，

$$P(\text{Junk} \mid M) = \frac{P(\text{Junk}, M)}{P(M)} = \frac{P(M \mid \text{Junk})P(\text{Junk})}{P(M)}$$

$$P(\text{Normal} \mid M) = \frac{P(\text{Normal}, M)}{P(M)} = \frac{P(M \mid \text{Normal})P(\text{Normal})}{P(M)}$$

である．ここで $P(M \mid \text{Junk})$, $P(M \mid \text{Normal})$ は，迷惑メール，そうでないメールにおいてそれぞれ M が出現する確率である．これは迷惑メールとそうでないメールそれぞれにおいて n-gram 言語モデルを学習することで求めることができる．$P(\text{Junk})$ は無作為に選んだメールが迷惑メールである確率である．これは，これまでの迷惑メールの割合，すなわち，

$$P(\text{Junk}) = \frac{\text{迷惑メールの数}}{\text{迷惑メールの数} + \text{そうでないメールの数}}$$

と推定される．$P(\text{Normal})$ も同様に求まるが，2 クラス分類なので $P(\text{Normal}) = 1 - P(\text{Junk})$ である．

　迷惑メール (Junk) とそうでないメール (Normal) をそれぞれ大量に集めることができたとしているので，$P(\text{Junk})$, $P(\text{Normal})$ ともに計算可能である．

　次に，$P(M \mid \text{Junk})$, $P(M \mid \text{Normal})$ を考える．これらは Junk と Normal それぞれで n-gram 言語モデルを学習しておけば計算できる．$n = 1$ として unigram 言語モデルを学習し，それに基づいて分類する方法をナイーブベイズ法とよぶ．すなわち，

$$P(M \mid \text{Junk}) = \prod_i P(w_i \mid \text{Junk})$$

$$P(M \mid \text{Normal}) = \prod_i P(w_i \mid \text{Normal})$$

として推定する方法である[3]．

　なお，$P(M)$ は計算する必要はない．これは，求めたかったのは $P(\text{Junk} \mid M)$, $P(\text{Normal} \mid M)$ のうち確率の高いほう（大小関係）であり，$P(\text{Junk}, M) = P(M \mid \text{Junk})P(\text{Junk})$ および $P(\text{Normal}, M) = P(M \mid \text{Normal})P(\text{Normal})$ が求まれば大小関係が求まるためである．

章 末 問 題

7-1　7.1.1 項を参照して，与えられたテキストに含まれる名詞，形容詞，動詞の語を取り出し，それぞれの語の頻度を出力せよ．その際，形容詞と動詞は基本形に統一すること．

7-2　7.1.2 項を参照して，与えられたテキストに含まれる語とその頻度を計算し，語を頻度順に並べよ．順位と頻度ともに対数をとり，両対数グラフをプロットし Zipf の法則に従うかを確かめよ．

7-3　7.1.2 項を参照して，与えられたテキストでの高頻度 bigram と trigram を出力せよ．

---

[3] モデル学習に使ったデータに存在する w_i だけで計算する．Junk か Normal いずれかにしか含まれなかった w_i については，最尤推定では $P(w_i \mid \text{Junk})$ または $P(w_i \mid \text{Normal})$ の値が 0 になってしまうため，加算スムージングなどを行いこれを避ける必要がある．

7-4　単語集合として，{ 簡単，儲かる，振込，講義，シラバス，連絡 } を考える．文書のタイプとして，Junk,
Univ を考える．Junk は迷惑文書，Univ は大学関連文書である．あるメールに「この講義を聴くだけで簡
単に儲かる。すぐに連絡」と書かれてあったとき，これを Junk 文書，Univ 文書のどちらに分類すべきか，
ナイーブベイズ法で求めよ．ただし，Junk 文書と Univ 文書は 1 : 9 の割合で存在するものとし，Junk 文
書，Univ 文書それぞれでの単語の出現確率は以下のとおりとする．

	簡単	儲かる	振込	講義	シラバス	連絡
Junk	0.30	0.30	0.20	0.01	0.01	0.18
Univ	0.18	0.001	0.019	0.30	0.30	0.20

第 **8** 章

テキスト全体（文書）の特徴量

─── **本章の目標** ───

- テキスト全体（文書）をベクトルとして表現する方法を理解する.

- Bag-of-Words 法と TF-IDF 法を理解する.

- トピックモデルの概念を理解する.

- Python を用いて単語文書行列の作成と，文書のベクトル表現を取り出せるようになる.

単一のテキストファイル全体を文書とよぶ．たくさん文書があったとき，どの文書とどの文書が類似しているかをどのように識別すればよいだろうか．一般的にデータを分類するためには，データを表す特徴を見つけだし，その特徴量を並べた特徴ベクトルでデータを表現することが重要である．ここでは，文書を特徴ベクトルで表現し，それに基づいて類似度を計算するベクトル空間法を学ぶ．

文書は，それに含まれる token の列とみなすことができる．ここでは各 token に関する情報をもとに，文書を表現することを考える．token は処理単位のことであるが，伝統的には語である．これまでの多くの研究において，「単語」や "term" と表現されており，本章でもこれらを処理単位を表すための用語として使用する．本章での「単語」や "term" は一般的な意味の単語ではなく，この token のことである．

8.1 ベクトル空間法

文書をベクトルで表現し，それに基づいて類似度を計算する方法をベクトル空間法とよぶ．はじめに文書のベクトル表現と類似度尺度について説明する．

8.1.1 文書のベクトル表現

文書の表現方法として Bag-of-Words 表現とトピックモデルに基づく表現を概説する．Bag-of-Words 表現とは，単語の語順や出現位置を考慮せず，文書中に出現する単語の統計量をもとに文書を表現する方法である．Bag-of-Words 表現で文書を表した例を図 8.1 に示す．なお，単語の代わりに n-gram を処理単位として用いている場合には Bag-of-N-grams とよぶこともあるが，本質的には変わらない．単に Bag-of-Words といえば，単語の統計量として単語頻度としたものを指すことが一般的である．ほかにも単語の統計量として単語が出現したかどうかの 2 値や 8.2.5 項で説明する TF-IDF 値がある．本章では，これらをひっくるめて Bag-of-Words 表現とよぶことにする.

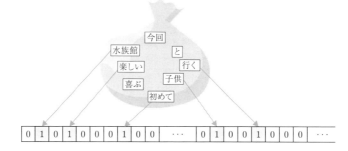

図 8.1　Bag-of-Words による文書の表現

　トピックモデルとは，文書に含まれる単語の統計量そのものを用いるのではなく，その背後に隠れている「トピック」の情報をもとに文書を表現するモデルである．トピックモデルでは，文書はどのようなトピックをどれくらい含んでいるかというトピック分布に関するベクトルとして表現される．

8.1.2　コサイン類似度

　ベクトル間の類似度が定義できれば，文書ベクトル間の類似度を求めることができる．ベクトル間の類似度として，コサイン類似度がある．ベクトル $\boldsymbol{x} = (x_1, x_2, \ldots, x_n)$ と $\boldsymbol{y} = (y_1, y_2, \ldots, y_n)$ のコサイン類似度 cosine similarity(x, y) は

$$\text{cosine similarity}(\boldsymbol{x}, \boldsymbol{y}) = \frac{\boldsymbol{x} \cdot \boldsymbol{y}}{\|\boldsymbol{x}\|\|\boldsymbol{y}\|} = \frac{\displaystyle\sum_{i=1}^{n} x_i y_i}{\sqrt{\displaystyle\sum_{i=1}^{n} x_i{}^2} \sqrt{\displaystyle\sum_{i=1}^{n} y_i{}^2}}$$

のように，ベクトルどうしの各要素を掛けて和をとったもの（内積）をベクトルの長さで割ったものとして定義される．2 つのベクトルがなす角度のコサインであり，−1 から 1 の値をとる．Bag-of-Words 表現のようにベクトルの要素がすべて非負であれば，コサイン類似度は 0 から 1 の値となる．2 つのベクトルが全く異なる（ベクトルが直交する）場合，コサイン類似度は 0 となる．自分自身とのコサイン類似度は 1 となる．

　ベクトル $\boldsymbol{x}$ の各変数 x_i から $x_1, x_2, \ldots, x_n$ の平均 $\bar{x}$ を引いておいたベクトル $\hat{\boldsymbol{x}} = (x_1 - \bar{x}, x_2 - \bar{x}, \ldots, x_n - \bar{x})$ を新たに特徴ベクトルとすることもできる（$\boldsymbol{y}$ についても同様）．この場合，$\hat{\boldsymbol{x}}$ と $\hat{\boldsymbol{y}}$ のコサイン類似度は

$$\text{cosine similarity}(\hat{\boldsymbol{x}}, \hat{\boldsymbol{y}}) = \frac{\displaystyle\sum_{i=1}^{n} (x_i - \bar{x})(y_i - \bar{y})}{\sqrt{\displaystyle\sum_{i=1}^{n} (x_i - \bar{x})^2} \sqrt{\displaystyle\sum_{i=1}^{n} (y_i - \bar{y})^2}}$$

$$= \frac{\dfrac{1}{n} \displaystyle\sum_{i=1}^{n} (x_i - \bar{x})(y_i - \bar{y})}{\sqrt{\dfrac{1}{n} \displaystyle\sum_{i=1}^{n} (x_i - \bar{x})^2} \sqrt{\dfrac{1}{n} \displaystyle\sum_{i=1}^{n} (y_i - \bar{y})^2}}$$

となり，2 変量のデータ $(x_1, y_1), \ldots, (x_n, y_n)$ の相関係数である．式 (3.1) と見比べるとそうなっていることが確認できる．

8.2 Bag-of-Words 表現

本章では，最も単純な文書のベクトル表現である Bag-of-Words 表現について学ぶ．

8.2.1 単語の出現のみを考慮した特徴ベクトル

文書を表す最も簡単なものとして，文書中にどのような単語が出現したかというものがある．扱う語彙のサイズを N とし，文書 D を N 次元ベクトル $\boldsymbol{d} = (d_1, d_2, \ldots, d_N)$ として表現する．各単語には id が割り当てられており，id $= k$ の単語を w_k と表すことにする．w_k が文書 D に含まれていればそれに相当する文書の要素 d_k を 1 とし，そうでなければ 0 とする（二値で表現する）．式で表現すると以下のとおりである．

$$d_k = \begin{cases} 1 & (w_k \in \mathrm{D} \text{ のとき}) \\ 0 & (\text{その他}) \end{cases} \tag{8.1}$$

「吾輩は猫である。名前はまだない。」と書かれた文書に対して文書ベクトルを生成した例を図 8.2 の $\boldsymbol{d}_{bi}$ に示す．ここでは，活用のある語は基本形に戻してある．

図 8.2　「吾輩は猫である。名前はまだない。」のベクトル表現

8.2.2 単語頻度に基づく特徴ベクトル

次に簡単な文書の特徴量は単語の出現頻度である．一般的に Bag-of-Words といえばこの単語頻度を要素としたベクトル表現のことを指す．単語は term とよばれており，単語の出現頻度（各文書での出現回数）は **Term Frequency** (TF) とよばれる．語彙（使用する単語のセット）を定義し，語彙に含まれる各単語の出現頻度を求め，それを単純に並べたベクトルを文書の特徴ベクトル（文書ベクトル）とする．文書 D の N 次元特徴ベクトル $\boldsymbol{d} = (d_1, d_2, \ldots, d_n)$ の各要素は，

$$d_k = \begin{cases} \mathrm{TF}(\mathrm{D}, w_k) & (w_k \in \mathrm{D} \text{ のとき}) \\ 0 & (\text{その他}) \end{cases} \tag{8.2}$$

である．$\mathrm{TF}(\mathrm{D}, w_k)$ は文書 D 中での w_k の出現頻度である．

「吾輩は猫である。名前はまだない。」と書かれた文書に対する文書ベクトルが図 8.2 に d_{tf} として示されている。「は」「。」が 2 回出てきており，そこが d_{bi} との違いである。

別の例を見てみよう。D1:「与党と野党では与党を支持する。野党は支持しない。」，D2:「与党と野党それぞれの支持者に支持する理由を聞く。」，D3:「与党の賛成多数で可決した。」と書かれたそれぞれの文書に対する文書ベクトルを図 8.3 に示す。ここでは意味把握に重要そうな単語をピックアップしてその頻度を書いている。

D1：与党と野党では与党を支持する。野党は支持しない。
D2：与党と野党それぞれの支持者に支持する理由を聞く。
D3：与党の賛成多数で可決した。

$$
\begin{array}{ccccccccccc}
 & 与 & 野 & 賛 & 多 & 支 & 可 & 理 & 者 & 聞 & \cdots & す \\
 & 党 & 党 & 成 & 数 & 持 & 決 & 由 & & く & & る \\
d1_{tf} = (& 2, & 2, & 0, & 0, & 2, & 0, & 0, & 0, & 0, & \ldots, & 2 &) \\
d2_{tf} = (& 1, & 1, & 0, & 0, & 2, & 0, & 1, & 1, & 1, & \ldots, & 1 &) \\
d3_{tf} = (& 1, & 0, & 1, & 1, & 0, & 1, & 0, & 0, & 0, & \ldots, & 1 &) \\
\end{array}
$$

図 8.3　単語頻度に基づくベクトルの比較

この例から，使われている単語が異なる文書 D3 は D1 や D2 と似ていないと感じる一方，同じ単語が多く使われている文書（D1 と D2）は類似していると感じることがわかる。このことから，この TF による文書ベクトルは文書の特徴量として機能することが予想される。ただし，「与党を支持する。野党は支持しない。」「野党を支持する。与党は支持しない。」のように，全く同じ単語が同じ数だけ使われていても（頻度からなるベクトルが同じであっても）意味が反対である場合もあるので，分析を行う際には注意が必要となることもある。

8.2.3　ストップワード処理

Bag-of-Words は，どのような単語が出現したかだけに着目した表現である。これは，使用される単語は文書の話題によって異なるであろうという考えに基づいている。では，どんな文書でも用いられる単語を使う意味があるだろうか。日本語の助詞「の」「が」「を」などは，ある程度の長さがある文書には含まれるだろう。英語では，"i"，"the"，"of" といった単語が該当する。こういった単語の頻度が特徴ベクトルの要素として含まれていると，それらの頻度は高いためコサイン類似度に大きく寄与し，分析時の解釈に影響を与えかねない。したがって，このような単語はあらかじめ取り除いていたほうがよい。この取り除く対象の単語のことをストップワードとよび，取り除く処理をストップワード処理という。ストップワードを集めたリストを用いる方法や，名詞と動詞と形容詞以外はストップワードとするなどの品詞情報に基づく方法などがある。

8.2.4　単語文書行列

単語と文書を行と列にとり，要素に出現したかどうか（2 値）や頻度を書いた行列を単語文書行列 (term-document matrix) とよぶ。要素を単語の頻度とした単語文書行列の例を図 8.4 に示す。この単語文書行列の各列は，文書の Bag-of-Words 表現となっている。

		文書1	文書2	文書3	文書4	文書5	文書6	⋯	文書M
		D_1	D_2	D_3	D_4	D_5	D_6	⋯	D_M
吾輩	w_1	1	0	1	0	0	0	⋯	0
は	w_2	2	2	3	2	3	2	⋯	2
猫	w_3	1	1	0	0	0	1	⋯	0
で	w_4	1	0	2	1	1	0	⋯	2
ある	w_5	1	1	0	5	2	0	⋯	2
名前	w_6	1	0	0	0	1	2	⋯	0
	⋮	⋮	⋮	⋮	⋮	⋮	⋮		⋮
株価	w_N	0	0	0	3	2	0	⋯	2

図 8.4　単語文書行列

8.2.5　TF-IDF 法

逆文書頻度

ストップワードに該当しない語であっても，単語にはある特定の狭い話題の文書にだけ出現する語や，反対にさまざまな話題の文書に出現する語，などの違いがある．たとえば，「形態素」は言語学や自然言語処理といった専門的な文書では使われるが，一般の文書ではあまり目にしない．一方，「単語」はさまざまな文書で使われる．「単語」よりも「形態素」のほうが，文書の話題を特定しやすいことが想像できるであろう．

このような，語が出現する文書の偏り具合を特徴づける特徴量として，**逆文書頻度** (Inverse Document Frequency, IDF) がある．IDF は**文書頻度** (Document Frequency, DF) の逆数に基づいて定義されている．単語 w_k に対する IDF 値 ($IDF(w_k)$) は，w_k が出現する文書の数 $DF(w_k)$ の逆数に基づいて以下のように求められる．

$$IDF(w_k) = \log_2 \frac{M}{DF(w_k)}$$

ここで，M は文書の総数である．なお，$\frac{DF(w_k)}{M}$ は文書のうちどれくらいの文書が w_k を含んでいるかの割合であり，ある文書を見たときに w_k が含まれている確率ととらえることができる．確率 p で生起するシンボルを受け取ったときの情報量は $\log_2 p^{-1}$ で定義されることから，IDF 値は情報量と解釈できる．

なお，各単語の DF 値は単語文書行列の行方向に 0 でない要素の数を数えることで求めることができる（図 8.5）．

TF-IDF 値

Bag-of-Words 法では，文書中に出現する単語の統計量に基づいて文書をベクトルとして表現する．これまでに単語の頻度 (TF) を用いる方法について述べた．別の統計量として，TF と IDF を乗じた値（TF-IDF 値）がある．文書 D_i 中の単語 w_j の TF-IDF 値は以下で与えられる．

$$TF\text{-}IDF(D_i, w_j) = TF(D_i, w_j)\, IDF(w_j)$$

$$= TF(D_i, w_j)\, \log_2 \frac{M}{DF(w_j)}$$

文書頻度が小さい単語，すなわち特定の文書に偏って現れる IDF 値の大きな単語がある文書で頻

		文書1	文書2	文書3	文書4	文書5	文書6	
		D_1	D_2	D_3	D_4	D_5	D_6	
吾輩	w_1	1	0	1	0	0	0	
は	w_2	2	2	3	2	3	2	DF(は)＝6
猫	w_3	1	1	0	0	0	1	
で	w_4	1	0	2	1	1	0	
ある	w_5	1	1	0	5	2	0	
名前	w_6	1	0	0	0	1	2	DF(名前)＝3
⋮		⋮	⋮	⋮	⋮	⋮	⋮	
株価	w_N	0	0	0	3	2	0	DF(株価)＝2

行方向に **0** でない要素の数を数えて **DF** とする

図 8.5 単語文書行列から単語の DF 値を求める

出する（TF 値が大きい）場合，TF-IDF 値は大きくなる．つまり，TF-IDF 値が大きい単語はその文書を特徴づける単語といえる．

このように，単語に 1/0 の二値，TF 値や IDF 値，TF-IDF 値のような値を与えることを，単語の重みづけと表現する．TF 値は文書内での単語の頻度情報であり，このような値に基づく単語の重みづけは，局所的重みづけとよばれる．IDF 値は文書集合での単語の情報を表しており，このような値に基づく単語重みづけは，大域的重みづけとよばれる．

TF 値を要素とする単語文書行列から TF-IDF 値を要素とする単語文書行列を求める例を図 8.6 に示す．図の下のほうの表の列は文書の TF-IDF ベクトルである[1]．

8.2.6　TF-IDF 値を要素とする文書ベクトル

TF-IDF 値を要素とする文書ベクトル表現を得るプログラムコードを紹介する．

前準備

まずは形態素解析器を使えるように設定しよう．Google Colab では以下の事前準備が必要である．

```
# インストール
!apt-get install mecab mecab-ipadic-utf8
!pip install mecab-python3

# path の設定
# コマンドは「エル・エヌ」
!ln -s  /etc/mecabrc /usr/local/etc/mecabrc
```

次に，形態素解析の結果として，入力したテキストの単なる分かち書き結果が得られるように Tagger のインスタンス生成時に'-Owakati'を付けよう．第6章で行ったように"-F'%m '"と付けるのと基本的に同じであるが，文末に EOS が付与されない違いがある．

---

[1] TF-IDF ベクトルをその長さ（L2 ノルム）で正規化することもある．TF は単語の出現回数を指すが，TF-IDF 重みづけに使用する際 TF 値を文書長で正規化した値を利用する（たとえば単語の出現回数 TF を文書の全単語数で割る）と説明する例もみられる．いずれの正規化も文書ベクトルに正の定数を乗じているだけなのでベクトルの方向は変わらず，コサイン類似度の計算には影響はない．

TF 値を要素とする単語文書行列

	D_1	D_2	D_3	D_4	D_5	D_6
吾輩	1	0	1	0	0	0
は	2	2	3	3	3	2
猫	1	1	1	1	0	0
で	1	0	2	1	3	1
ある	1	2	0	5	3	2
名前	1	0	1	0	3	0

DF
2
6
4
5
5
3

$$\log_2 \frac{M}{\mathrm{DF}(w)}$$
$$(M=6)$$

IDF
1.584962501
0
0.584962501
0.263034406
0.263034406
1

TF-IDF 値を要素とする単語文書行列

	D_1	D_2	D_3	D_4	D_5	D_6
吾輩	1.58	0	1.58	0	0	0
は	0	0	0	0	0	0
猫	0.58	0.58	0.58	0.58	0	0
で	0.26	0	0.53	0.26	0.79	0.26
ある	0.26	0.53	0	1.32	0.79	0.53
名前	1	0	1	0	3	0

図 8.6　TF-IDF 値を要素とする単語文書行列の求め方

```
1 # ライブラリの読み込み
2 import MeCab
3
4 # 形態素解析器のインスタンス化
5 tagger = MeCab.Tagger('-Owakati')
```

この形態素解析器を使って文書集合（例では sentences）の各文書に対して分かち書きする．

```
1 sentences = ['与党と野党では与党を支持する。野党は支持しない。',
2              '与党と野党それぞれの支持者に支持する理由を聞く。',
3              '与党の賛成多数で可決した。']
4
5 # 各 sentence(ドキュメント) に対して分かち書き
6 tokenized_docs = [tagger.parse(sentence).split() for sentence in sentences]
7 for d in tokenized_docs:
8     print(d)
```

次のような結果が得られるだろう．

```
['与党', 'と', '野党', 'で', 'は', '与党', 'を', '支持', 'する', '。', '野党', 'は', '支
持', 'し', 'ない', '。']
['与党', 'と', '野党', 'それぞれ', 'の', '支持', '者', 'に', '支持', 'する', '理由', '
を', '聞く', '。']
['与党', 'の', '賛成', '多数', 'で', '可決', 'し', 'た', '。']
```

単語文書行列の作成

　ここから，単語文書行列を作成する．作成には gensim という自然言語処理用ライブラリを使う．単語文書行列の各行は単語なので，まずは文書集合に含まれている単語からなる単語集合を求める．コードは次のとおりである．実際には 4 行目の 1 行だけで完成する．最後の 2 行で内容を確認している．

ソースコード **8.1** 単語集合をつくる

```
1 import gensim
2
3 # 単語のリスト（辞書）をつくる。idと語の mapping
4 dic = gensim.corpora.Dictionary(tokenized_docs)
5
6 # 辞書は idが keyで，語が value
7 for key, value in dic.items():
8     print(key, value)
```

この例では，次のような 21 のユニークな単語が得られる．`key` は単語 id であり，単語文書行列の行番号である．

```
 0 。
 1 し
 2 する
 3 で
 4 と
 ...
18 可決
19 多数
20 賛成
```

次に，文書ごとに単語の出現頻度 (TF) をカウントし，Bag-of-Words (BoW) 文書ベクトル（単語文書行列の各列に相当）を求めよう．ソースコードは次のとおりである．

ソースコード **8.2** 単語文書行列（要素 = TF）

```
1 # 分かち書きされた各ドキュメントを Bag-of-Wordsベクトル（TFに基づくベクトル）にする
2 BoW_vecs = [dic.doc2bow(tokenized_doc) for tokenized_doc in tokenized_docs]
3 for d in BoW_vecs:
4     print(d)
```

`dic` はソースコード 8.1 で求めたものである．先ほどの分かち書きされた文書集合 (`tokenized_docs`) の各文書 (`tokenized_doc`) に対し，辞書の `doc2bow()` メソッドで各単語の頻度をカウントする．結果は `BoW_vecs` であるが，これをプリントすると以下のようなものが出力される（一部省略）．

```
[(0, 2), (1, 1), (2, 1), (3, 1), (4, 1), (5, 1), ... , (10, 2)]
[(0, 1), (2, 1), (4, 1), (7, 1), (8, 1), (9, 2), ... , (16, 1)]
[(0, 1), (1, 1), (3, 1), (8, 1), (13, 1), (17, 1), ... , (20, 1)]
```

出力結果の各行は文書のベクトル表現である．実際には，単語とその頻度のタプルのリストである．1 行目のはじめに $(0, 2)$ とあるが，これは最初の文書「与党と野党では与党を支持する。野党は支持しない。」において，id = 0 の単語（今回では「。」）が 2 回出現したことを表している．同様に id = 1 の単語（「し」）は 1 回，id = 2 の単語（「する」）は 1 回出現していることがわかる．また，id が 11 以降の単語に対応する頻度が書かれていない．書かれていない場合は頻度が 0 であったことを示している．たいていの場合，単語文書行列の要素はほとんどが 0 であるため，頻度が 0 の単語は書かないことでメモリ使用量を節約できる．実際に 2 番目の文書「与党と野党それぞれの支持者に支持する理由を聞く。」において id = 1 の単語（「し」）は存在しておらず，$(1, 0)$ は書かれていないことがわかる．

▌TF-IDF 値の計算とそれを要素とする単語文書行列 ▌

次に，この TF に基づく Bag-of-Words 文書ベクトル (BoW_vecs) から TF-IDF 値とそれを要素とする文書ベクトルを求めよう．コードは次のとおりである．ソースコード 8.2 の続きに書けばよい．

ソースコード **8.3**　単語文書行列（要素＝TF-IDF）

```
1  # tfidfを計算し，tfidfを要素とする文書ベクトルを求める
2  model = gensim.models.TfidfModel(BoW_vecs, normalize=False)
3  tfidf_vecs = [model[BoW_vec] for BoW_vec in BoW_vecs]
4  for d in tfidf_vecs:
5      print(d)
```

gensim.models.TfidfModel と単語頻度に基づく単語文書行列 BoW_vecs から TF-IDF 値を計算するためのインスタンス model を生成する．ここでは単純な TF と IDF の積を確認したいので，normalize=False と指定している．この指定をしないとベクトルの長さが 1 になるように正規化される．model に文書の Bag-of-Words 表現ベクトルを与える (model[BoW_vec]) ことで TF-IDF 値からなるベクトルを得ることができる．結果は次のようになるだろう．実際の出力では小数点以下はもっと出力されるが，紙面の都合上丸めてある．

```
[(1, 0.58), (2, 0.58), (3, 0.58), (4, 0.58), (5, 1.58), , ..., (10, 1.17)]
[(2, 0.58), (4, 0.58), (7, 0.58), (9, 1.17), (10, 0.58), ..., (16, 1.58)]
[(1, 0.58), (3, 0.58), (13, 0.58), (17, 1.58), ..., (20, 1.58)]
```

結果の見方は BoW_vecs のときと同じである．id $= 0$ の単語（「。」）はすべての文書で出現していたため IDF$(0) = 0$ となり，TF-IDF 値も 0 となったため出力されていないことがわかる．id $= 1$ の単語（「し」）は 2 つの文書で出ており，DF$(1) = 2$, 文書数 $= 3$ より，IDF$(1) = \log_2 \dfrac{3}{2} = 0.58$ である．文書 1 と 3 でそれぞれ 1 回出現しているので，それぞれの TF-IDF 値は 0.58 であることがわかる．

▌文書間の類似度の計算 ▌

最後に，文書間の類似度の計算方法を説明する．コサイン類似度を求めるソースコードは次のとおりである．

ソースコード **8.4**　文書間の類似度計算

```
1  # 各ドキュメントとの類似度を求めるための準備
2  # tfidfを要素とする単語文書行列を計算するインスタンスを生成
3  index = gensim.similarities.MatrixSimilarity(tfidf_vecs, num_features=len(dic))
4
5  # 類似度を求めたいテキストをクエリ（query）とよぶ．今回は 1番目の文書をクエリとする
6  query = tfidf_vecs[0]
7
8  # query と 文書1，文書2，文書3 それぞれとの類似度を求める
9  print('類似度\n文書1，文書2，文書3')
10 print(index[query])
```

結果は次のとおりである．

> 類似度
> 文書 1，文書 2，文書 3
> [1.   0.18881653 0.04986282]

通常，類似度を求める際に入力する文書をクエリ（query）とよぶ．ここではクエリは文書 1 としている．文書 1（自分自身）との類似度は 1 となっている．もちろんクエリのところに別の文書を持ってくることもできる．その場合はソースコード 8.5 のようにする．

ソースコード 8.5　クエリと文書間の類似度の計算（文書検索）

```
1  query = ['与党と野党を支持する理由について述べた文書を見つけたい']
2
3  # クエリの分かち書き
4  tokenized_query = [tagger.parse(q).split() for q in query]
5  print('クエリの分かち書き')
6  print(tokenized_query)
7  print()
8
9  # クエリを単語頻度に基づくベクトルで表現
10 # dicは元の文書集合のものを使う
11 BoW_query = [dic.doc2bow(q) for q in tokenized_query]
12 print('クエリのBoW表現')
13 print(BoW_query)
14 print()
15
16 # クエリをTF-IDFに基づくベクトルで表現
17 # IDFを計算するモデルは元の文書集合のものを使う
18 tfidf_query = [model[q] for q in BoW_query]
19
20 # 元のTF-IDFで表現した文書集合（index）の各文書との類似度を求める
21 print('類似度\n文書1，文書2，文書3')
22 print(index[tfidf_query])
```

ここでの注意点は，元の文書集合で求めておいた dic，model，index を使っている点である．結果は次のようになる．

> クエリの分かち書き
> [['与党'，'と'，'野党'，'を'，'支持'，'する'，'理由'，'について'，'述べ'，'た'，'文書'，'を'，'見つけ'，'たい']]
>
> クエリの BoW 表現
> [[(2, 1), (4, 1), (7, 2), (8, 1), (9, 1), (10, 1), (14, 1), (17, 1)]]
>
> 類似度
> 文書 1，文書 2，文書 3
> [[0.2382488 0.445401   0.27095017]]

「与党と野党を支持する理由について述べた文書を見つけたい」というクエリに対して，2 つ目の文書「与党と野党それぞれの支持者に支持する理由を聞く。」が最も類似度が高いことがわかる．

8.3　トピックモデル

単語の統計量に基づいて文書の特徴ベクトルを求め，それらの類似度を用いる方法を学んだ．ここでは，その発展について学ぼう．具体的には，「単語」ではなく「トピック」という概念を考え，

トピックの統計量から文書の特徴ベクトルを構成するトピックモデルについて説明する.

8.3.1　単語とトピック

トピックとは文書や単語といった観測できるものの裏に隠れているものである. たとえば,「総理大臣が緊急支援政策を発表した。」の文の背後には,「政治」や「経済」といったトピックがあるなどという. このようなトピックを用いた文書や単語のモデル化をトピックモデルという. Bag-of-Words のように文書を単語分布ベクトルで表現するのではなく, 文書をトピック分布ベクトルで表現することを考える.

Bag-of-Words では「車」と「自動車」や「電車」と「列車」などはほぼ同じ意味であるにもかかわらず, 別の単語として扱われる.「職場には電車で行っている」と「列車を使って出勤している」はほぼ同じ内容を指しているものの, 名詞や動詞といった内容語は一致していないため, Bag-of-Words に基づくモデル化ではこの2つの文の特徴ベクトルのコサイン類似度は低いものになってしまう. これらの文を (' **通勤** topic', ' **会社** topic', ' **鉄道** topic', ' **移動** topic') のようなトピック特徴量からなるベクトルで表現できれば, この2文の類似度を高くすることができそうだ. このような方法を考えよう.

8.3.2　トピック抽出の方法

どのようなトピックがあるかを人間が与えることは非常に難しい. トピックを無限に定義できる上に, 重要なトピックが何かは自明ではない. ここでは与えられた大量のデータから, 背後に隠れているトピックを抽出する方法を紹介する.

▌行列分解に基づく手法▐

まず, 単語文書行列 A ($N \times M$ 行列) を W ($N \times T$ 行列) と D ($T \times M$ 行列) の2つの行列の積で近似することを考える (図 8.7).

これは, N 単語 × M 文書からなる行列を隠れている変数 (T 次元) を仮定し, それ用いて分解する方法である. 隠れている変数は潜在変数とよばれ, ここでは潜在変数が表しているものをトピック (話題) とみなす. つまり, 単語文書行列 A を N 単語 × T トピックの単語-トピック行列 W と T トピック × M 文書のトピック-文書行列 D で表している. A の行列と D の行列を対比さ

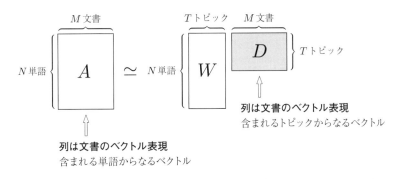

図 8.7　単語文書行列 A を単語トピック行列 W とトピック文書行列 D に分解する

せると，A の各列は各文書の単語分布ベクトルであるのに対して，D の各列は各文書のトピック分布ベクトルである．つまり D の各列を文書の特徴ベクトルとすることができる．各次元がどのようなトピックを表しているかは人間が解釈する必要がある．その方法の1つとして，W を眺める方法がある．W の各列は各トピックの単語分布ベクトルであり，各トピックがどのような単語で構成されているかを知ることができる[2]．

　この行列分解に基づく手法として，潜在意味解析 (Latent Semantic Analysis, LSA) や非負値行列因子分解 (Non-negative Matrix Factorization, NMF) がある．

　LSA は特異値分解を使って分解を行う方法である．特異値分解時に潜在トピックに対して特異値（ここでは，固有値のようなものととらえてよい）が求まり，特異値の大きなトピックのみを残すことでよい近似が行える．いくつのトピックにするかは人間が指定する必要がある．主成分分析を行う際に，固有値に基づいて次元数を削減するのと同じと考えてよい．LSA を行った場合，単語トピック行列やトピック文書行列の要素に負の値が現れることがある．トピックの頻度などに関する情報として負の値は解釈しづらいという欠点がある．

　NMF は非負値行列（すべての要素が0または正の値）を2つの非負値行列の積で近似する方法である．単語文書行列は非負値行列なので，NMF により，LSA で問題となった単語トピック行列やトピック文書行列の要素に負の値が現れる問題を避けることができる．なお，音のスペクトログラムも非負値行列であり，NMF は音声と雑音の分離などにも使われる．

▚ 確率モデルに基づく方法 ▚

　潜在的ディリクレ配分法 (Latent Dirichlet Allocation, LDA) は，Bag-of-Words の単語ベクトル集合（単語文書行列）から各トピック z における各単語 w の出現確率 $p(w\,|\,z)$ と文書 d における各トピック z の出現確率 $p(z\,|\,d)$ とを求める方法である．単語トピック行列 T の各要素は $p(w\,|\,z)$，トピック文書行列 D の各要素は $p(z\,|\,d)$ となる．D の各列は文書の特徴ベクトル（トピック確率分布）であり，これを新たな文書の特徴ベクトルとすることができる．

　LDA による文書ベクトルを求めるコードを示しておく．

ソースコード **8.6**　LDA による文書のトピックベクトル

```
1  import gensim
2
3  # 各 sentence（ドキュメント）に対して分かち書き
4  tokenized_docs = [tagger.parse(sentence).split() for sentence in sentences]
5  print(tokenized_docs)
6
7  # 単語のリスト（辞書）をつくる. id と語の mapping
8  dic = gensim.corpora.Dictionary(tokenized_docs)
9
10 # 分かち書きされた各ドキュメントを Bag-of-Words ベクトル（頻度）にする
11 BoW_vecs = [dic.doc2bow(tokenized_doc) for tokenized_doc in tokenized_docs]
12 print(BoW_vecs)
13
14 # lda を行い，ドキュメントベクトル（topic 分布ベクトル）を求める
15 # random_state= で初期値を固定し，再現性を確保
16 ldamodel = gensim.models.LdaModel(BoW_vecs, id2word=dic, num_topics=2, random_state=0)
17 lda_vecs = [ldamodel[BoW_vec] for BoW_vec in BoW_vecs]
18 print(lda_vecs)
```

---

[2] 実際にトピックに名をつけるのは容易でない．

12 行目までは Bag-of-Words ベクトルを得る部分であり，これまでに述べたものと同じである．16 行目の `gensim.models.LdaModel` に Bag-of-Words に基づく単語文書行列を与えることで LDA を行うインスタンス `ldamodel` を作り出し，それに Bag-of-Words ベクトルを与える（`ldamodel[BoW_vec]`）ことでトピックベクトル `lda_vecs` を得ている．また `num_topics=2` としてトピック数を指定している．このトピック数は人間が決める必要がある．この例では 2 と設定したため，各文書は 2 つのトピック確率を要素にもつ 2 次元ベクトルとなる．実際に，`lda_vecs` として以下の結果が得られる[3]．

```
[[(0, 0.9631195), (1, 0.03688047)],
 [(0, 0.95888126), (1, 0.041118756)],
 [(0, 0.065324835), (1, 0.93467516)]]
```

文書 1 と 2 はほぼトピック 0 からなり，文書 3 はトピック 1 からなることがわかる．なお，各トピックを構成する単語は次のようにして得られる．

```
1 print(ldamodel.show_topic(0, topn=100))
2 print(ldamodel.show_topic(1, topn=100))
```

`topn` はどれだけ表示するかのオプションである．トピック 0，トピック 1 の単語とその重みを重み順に並べた結果を下記に示す．これは単語トピック行列の成分を列（トピック）ごとに，その大きさの順に出力したものである．

```
topic 0 :
  ('支持', 0.103577346), ('。', 0.0870951), ('与党', 0.086327255),
  ('野党', 0.082213104), ('は', 0.059920687), ('する', 0.059903845),
  ('を', 0.058604695), ('と', 0.05809752), ('し', 0.04248721)
  ('の', 0.041188706), ('で', 0.040566184), ('ない', 0.03655486),
  ('理由', 0.03598539), ('聞く', 0.034914844), ('それぞれ', 0.034667093),
  ('者', 0.03455136), ('に', 0.033035435), ('賛成', 0.019017857),
  ('た', 0.018122593), ('可決', 0.016995752), ('多数', 0.016173111)

topic 1 :
  ('与党', 0.077540874), ('。', 0.076055326), ('で', 0.068251915),
  ('の', 0.06704749), ('多数', 0.06653379), ('可決', 0.0649422),
  ('し', 0.06453524), ('た', 0.06276206), ('賛成', 0.061029963),
  ('支持', 0.044166557), ('野党', 0.036588445), ('と', 0.034333467),
  ('に', 0.033909682), ('を', 0.0333522), ('者', 0.030976772),
  ('する', 0.030838681), ('は', 0.030806096), ('それぞれ', 0.030752853),
  ('聞く', 0.03027352), ('理由', 0.028202303), ('ない', 0.027100535)
```

この例ではトピックが実際に何を表しているかの解釈が難しいが，あえて解釈すると，トピック 0 では「支持」の重みが大きく，次いで「与党」と「野党」が同程度に大きいことがわかる．トピック 1 では野党の重みは小さいことから，トピック 0 は与野党の支持のトピックと予想される．トピック 1 では「多数」「可決」「賛成」の重みが大きく，トピック 0 ではこれらの単語の重みは小さいことより，可決に関するトピックであることが予想される．

---

[3] `gensim.models.LdaModel` の引数に `passes=10` などと書いておくと LDA の学習が進む．

章 末 問 題

8-1　8.2.6 節を参照して，与えられたテキストから TF 値を要素とする単語文書行列を作成せよ．

8-2　8.2.6 節を参照して，与えられたテキストから TF-IDF 値を要素とする単語文書行列を作成せよ．

8-3　8.2.6 節を参照して，文書ベクトル（要素は TF-IDF 値）間の類似度を求めるプログラムを実装せよ．さらに，クエリに対して元の文書のどれが近いかを求めるプログラムを実装せよ．

## 第 9 章

テキストの処理単位とその特徴量の生成

本章の目標

- 単語をベクトルで表す方法について学ぶ.
- 1-hot 表現と分散表現を理解する.
- ニューラルネットワークの基礎および 1-hot 表現と分散表現の関係を理解する.
- Python を用いた単語ベクトルの利用法を理解する.

　文書全体を, 単語の出現情報や潜在トピックの情報を元に特徴ベクトルとして表現する方法を学んだ. 次に, テキストの処理単位である単語の特徴ベクトルを求める方法について考える. この章での「単語」も token のことと思ってよい. 文書の特徴ベクトルは単語を数えることで求まったが, それでは単語を特徴ベクトルとして表現するにはどうしたらよいだろうか.

9.1　1-hot 表現

　1-hot 表現とは, 扱う単語集合 (語彙) のサイズが n の際に, 各単語を n 次元ベクトル空間の標準基底で表現する方法である. 各単語に相当する id 番目の要素のみが 1, それ以外は 0 のベクトルとして表現する. 図 9.1 の上側に単語の 1-hot 表現の例を示す. 第 8 章で学んだ単語文書行列において, 1 つの単語だけからなる文書に対する文書ベクトルということもできる. ここでは, 1-hot 表現に基づく文書のベクトルを 1-hot ベクトルとよぶことにする. 1-hot ベクトルは 1 つの要素以外は 0 のベクトルであるので, プログラム上では単語の id 番号そのもので表現できる.

9.2　分散表現

　1-hot 表現では, 単語を特定できるだけの情報しかもてない. 分散表現 (埋め込み) とは, 単語を低次元の密なベクトルで表現する方法である[1]. 図 9.1 の下側に単語の分散表現の例が示されている. このとき, 意味の似た単語どうしが近いベクトルとなっていると望ましい. なお, ニューラルネットワークを用いた分散表現では 2 つの分散表現ベクトルの和や差で, 2 つの単語の意味の合成や単語間の関係も表せるようになってきている.

---

[1] 多くの場合, 1-hot ベクトルが数万から数百万の大きさであるのに対し, 分散表現の次元は 100 から 1000 程度である.

1-hot 表現

対応する単語のところだけ 1，他は 0．

$$\boldsymbol{w}_0 = (\underbrace{1, 0, 0, 0, 0, 0, \ldots, 0}_{\text{次元は語彙リストの長さに等しい}})$$

語彙リスト（辞書）

0 :	吾輩
1 :	は
2 :	猫
3 :	だ
4 :	ある
5 :	名前
⋮	
29999 :	。

分散表現

意味の似た単語は似たようなベクトルになる．

$$\boldsymbol{w}_0 = \underbrace{(0.52, 0.41, 1.33, \ldots, 0.24)}_{256\ \text{次元，}512\ \text{次元など}}$$

図 9.1　単語のベクトル表現（1-hot 表現と分散表現）

9.2.1　トピックモデルによる分散表現

　第 8 章では，単語文書行列を単語トピック行列とトピック文書行列に分解する方法を学んだ．単語トピック行列から各トピックの単語の重みを求めることができた．これは単語トピック行列の列ベクトルに相当する．

　単語トピック行列の行方向に着目すると，各単語がどのようなトピックに所属するかの重みを求めることができる．これを，単語の特徴ベクトルとして利用することもできる．ただし，次に述べるニューラルネットワークに基づく方法により，より質の良い単語の分散表現が得られる．

9.2.2　ニューラルネットワークによる分散表現

1-hot 表現と embedding 層

　ニューラルネットワークを用いた自然言語処理では，単語をまず 1-hot ベクトル $\boldsymbol{x}$ として表現し，ニューラルネットワークに入力することが一般的である．この 1-hot ベクトルは初めに embedding 層を通して，密なベクトル $\boldsymbol{y}$ に変換される．この密なベクトルが単語の分散表現となっている（図 9.2）．

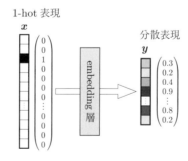

図 9.2　1-hot 表現から分散表現への変換

　まず，ニューラルネットワークの構成要素である人工ニューロンについて説明する．人工ニューロンは人間の脳神経細胞（ニューロン）を模倣したモデルである．脳の神経細胞では，いくつかの信号を入力として受け取り，ある値よりも大きくなれば，次の神経細胞に信号を送る．これを数式

で表したモデル（人工ニューロン）は，次のようになる．

$$y = f\left(\sum_{i=1}^{n} w_i x_i\right) \tag{9.1}$$

ここで，$x_1, x_2, \ldots, x_n$ はニューロンが受け取る信号，$w_1, w_2, \ldots, w_n$ はそれぞれの信号に乗じる値（重み）である．$f(u)$ は入力信号の合計 u に対してどのような出力をするかを表す関数であり，**活性化関数**とよばれる．

$f(u)$ が次のような形のものはステップ関数とよばれる．ここで θ は定数である．

$$f(u) = \begin{cases} 1 & (u \geq \theta \text{ のとき}) \\ 0 & (\text{その他}) \end{cases} \tag{9.2}$$

θ を活性化関数の外に出して bias とし，書き直したニューロンのモデルが以下のとおりである．

$$y = f(u) = \begin{cases} 1 & (u \geq \theta \text{ のとき}) \\ 0 & (\text{その他}) \end{cases} \tag{9.3}$$

$$u = \text{bias} + \sum_{i=1}^{n} w_i x_i \tag{9.4}$$

これを図示すると図 9.3 のとおりである．

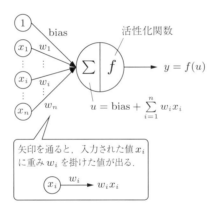

図 9.3 ニューロンのモデル（人工ニューロン）

詳細は省くが，ニューラルネットワークの学習時にステップ関数は都合が悪く，微分可能な $f(u)$ として以下のシグモイド関数がよく使われていた．現在では，活性化関数として softmax 関数や tanh 関数，ReLU 関数，それらの派生が使われる．

また，活性化関数として，以下のような恒等関数もある．

$$f(u) = u \tag{9.5}$$

このとき，

$$y = \text{bias} + \sum_{i=1}^{n} w_i x_i \tag{9.6}$$

である．

　先ほど自然言語処理では，単語をまず 1-hot ベクトル $\boldsymbol{x}$ として表現し，ニューラルネットワークに入力すること，そして $\boldsymbol{x}$ は初めに embedding 層を通して密なベクトル $\boldsymbol{y}$ に変換されることを述べた．この embedding 層は，$\boldsymbol{y}$ の次元が m のとき，m 個のニューロンをもち，活性化関数は恒等関数である．また，bias はないものとする．各ニューロンへの入力は入力の 1-hot ベクトルの次元と同じとなる（図 9.4）．

　出力ベクトル $\boldsymbol{y}$ の各要素 $y_1, y_2, \ldots, y_m$ はそれぞれのニューロンに対する出力なので，

$$\begin{cases} y_1 = \sum_{i=1}^{n} w_{1,i} x_i \\ y_2 = \sum_{i=1}^{n} w_{2,i} x_i \\ \quad\vdots \\ y_m = \sum_{i=1}^{n} w_{m,i} x_i \end{cases} \tag{9.7}$$

と書ける．これを行列とベクトルで表現すると次のようになる．

$$\begin{pmatrix} y_1 \\ y_2 \\ \vdots \\ y_m \end{pmatrix} = \begin{pmatrix} w_{1,1} & w_{1,2} & w_{1,3} & \cdots & w_{1,n} \\ w_{2,1} & w_{2,2} & w_{2,3} & \cdots & w_{2,n} \\ \vdots & \vdots & \vdots & \ddots & \vdots \\ w_{m,1} & w_{m,2} & w_{m,3} & \cdots & w_{m,n} \end{pmatrix} \begin{pmatrix} x_1 \\ x_2 \\ x_3 \\ \vdots \\ x_n \end{pmatrix} \tag{9.8}$$

シンプルに書くと

$$\boldsymbol{y} = W\boldsymbol{x} \tag{9.9}$$

の形で書け，embedding 層を構成する重み行列 W は $\boldsymbol{x}$ から $\boldsymbol{y}$ への変換行列となっている．

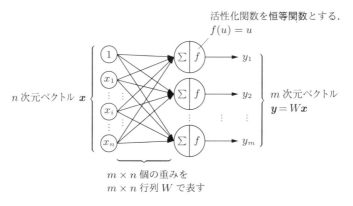

図 9.4　embedding 層

　W と id $= k$ 番目の要素のみが 1 である 1-hot ベクトルの積を求めると，W の k 番目の列が取り出される．この様子は，図 9.5 を確認すればわかるであろう．

　embedding 層への入力 $\boldsymbol{x}$ は常に 1-hot ベクトルであるので，embedding 層の $m \times n$ の重み行列 W の各列は単語の分散表現（m 次元）そのものである．入力として 1-hot ベクトルを使用し，

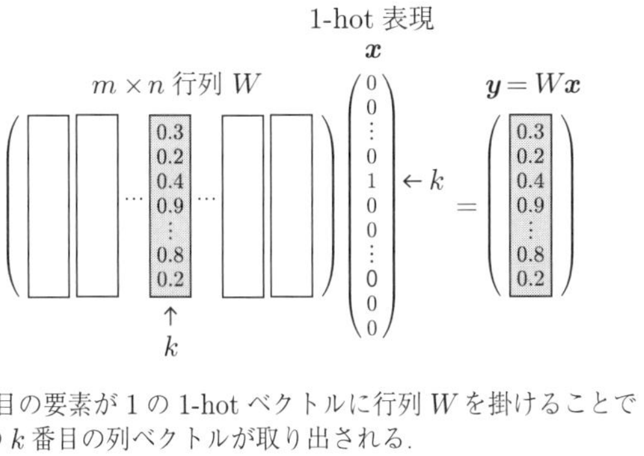

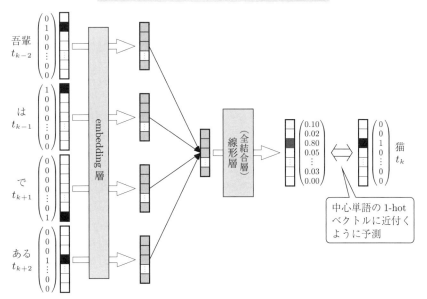

k 番目の要素が 1 の 1-hot ベクトルに行列 W を掛けることで
W の k 番目の列ベクトルが取り出される.

図 9.5 W と 1-hot ベクトルの積

embedding 層からはじまるニューラルネットワークを学習することで，単語の分散表現が学習される.

word2vec

単語の分散表現である embedding 層の重み行列を効率的に学習するために考えられたものとして word2vec がある．word2vec を学習する際のモデルとして Continuous Bag-of-Words (CBOW) と skip-gram の 2 種類がある[2]．CBOW（図 9.6）は，ある単語（中心単語）の予測を，その単語の前後それぞれ L 単語（周辺単語）から行うネットワークの学習を通じて単語の分散表現を学習する．具体的には，予測結果と中心単語の 1-hot ベクトルの誤差が最小となるように embedding 層を含むネットワークの重みを学習する.

図 9.6 Continuous Bag-of-Words (CBOW)

---

[2] Mikolov, *et al.* "Efficient Estimation of Word Representations in Vector Space", ICLR 2013. 論文の図を参考に，図 9.6 と図 9.7 には embedding 層の場所がわかるよう挿入してある.

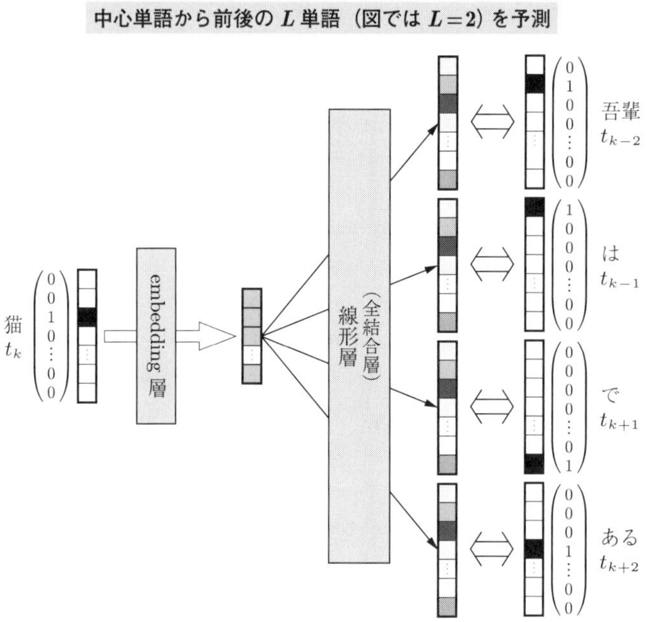

中心単語から前後の L 単語（図では $L=2$）を予測

図 9.7 Skip-gram

 skip-gram（図 9.7）では CBOW とは反対方向の予測，すなわち中心単語から周辺単語を予測するネットワークの学習を通じ，単語の分散表現を学習する．word2vec 以外にも，GLoVe や fastText といった分散表現の求め方がある．

9.3 学習済み単語分散表現の利用

 ニューラルネットワークを利用した自然言語処理では，初めに embedding 層をおいてそこに 1-hot ベクトルを入力することで単語分散表現を獲得し，その後さまざまな処理をすることが普通である．embedding 層，すなわち単語分散表現はゼロから学習することができるが，学習データが多くないとあまりよい表現にはならない．そこで，大量のデータで学習された学習済み単語分散表現（事前学習モデル）を利用することが多い．学習した単語分散表現をそのまま使ってもよいし，embedding 層の初期値として設定してそれぞれが目的とするタスクに合わせて調整することも可能である．

 ここでは学習済み単語分散表現の利用法を紹介する．日本語の学習済み単語分散表現として，chiVe [3] がある．GitHub (`https://github.com/WorksApplications/chiVe`) で公開されているので各自でダウンロードして使うことができる．まずは，この事前学習されたモデルを読み込んでみよう（ソースコード 9.1）．本章では Google Drive の Colab Notebooks の下の NLP というディレクトリに，最も小さなモデル (v1.2 mc90) をダウンロードし，そこで解凍していることを想定している．

---

[3] 真鍋陽俊ら，"複数粒度の分割結果に基づく日本語単語分散表現"，言語処理学会第 25 回年次大会 (NLP2019)，P8-5，2019.

ソースコード **9.1** 事前学習された単語分散表現の読み込み

```
1  import gensim
2  model_path = '/content/drive/MyDrive/Colab Notebooks/NLP/chive-1.2-mc90_gensim/chive-1.2-m
     c90.kv'
3
4  model = gensim.models.KeyedVectors.load(model_path)
```

これで model に単語の分散表現が読み込めた．model[' 滋賀'] などとすることで，300 次元の単語の分散表現が取り出せる．

2 つの単語の類似度や，ある単語に類似する単語を求めるには次のようにする．

ソースコード **9.2** gensim でのベクトル間類似度の計算と類似度の高い語のリスト表示

```
1  # 2つの単語の類似度を求める
2  print('「滋賀」と「琵琶湖」の類似度:', model.similarity('滋賀','琵琶湖'))
3
4  # 与えられた単語に類似する単語を順に出力する
5  print('「滋賀」との類似度 top4:\n', model.most_similar('滋賀', topn=4))
```

以下のように，類似度や類似する単語とその類似度が出力される

```
「滋賀」と「琵琶湖」の類似度: 0.606011
「滋賀」との類似度 top4:
[(' 滋賀県', 0.7994567155838013), (' 兵庫', 0.724418044090271),
(' 岐阜', 0.7180359363555908), (' 奈良', 0.6732785105705261)]
```

単語ベクトルの演算とそれに類似する単語を求める方法は次のとおりである．

ソースコード **9.3** gensim での単語ベクトル演算の例

```
1  # 与えられた単語の単語ベクトルの和や差を計算し，最も近いものを出力する
2  # positiveはプラス，negativeはマイナス
3
4  # 滋賀+湖に最も近いものは？
5  print('#滋賀+湖')
6  print(model.most_similar(positive=['滋賀','湖'], topn=4))
7  print()
8
9  # 滋賀−湖に最も近いものは？
10 print('#滋賀−湖')
11 print(model.most_similar(positive=['滋賀'], negative=['湖'], topn=4))
12 print()
13
14 # 浜名湖−静岡+滋賀に最も近いものは？
15 print('#浜名湖−静岡+滋賀')
16 print(model.most_similar(positive=['浜名湖', '滋賀'], negative=['静岡'], topn=4))
```

結果は以下のようになるだろう．

```
#滋賀+湖
[(' 琵琶湖', 0.7891030311584473), (' 畔', 0.7153027057647705),
(' 滋賀県', 0.6997554302215576), (' 湖東', 0.6576879024505615)]

#滋賀−湖
[(' 兵庫', 0.4955357611179352), (' 岐阜', 0.4582245647907257),
(' 大阪', 0.45328688621520996), (' 岡山', 0.42996904253959656)]
```

```
#浜名湖-静岡+滋賀
[('琵琶湖', 0.6823852062225342), ('滋賀県', 0.606360912322998),
('湖東', 0.5829620361328125), ('余呉', 0.5570704936981201)]
```

「浜名湖 − 静岡 + 滋賀」については，「浜名湖」と「静岡」の関係は何と「滋賀」の関係と近いかを尋ねていることに相当する．

9.4　単語分散表現の学習

9.4.1　学習

全く初めから単語分散表現を学習する方法について紹介する．gensim というライブラリを用いることで，学習することができる．

まずはサンプルのテキストを用意しよう．次の例では，第 8 章 8.2.6 項で使ったものと全く同じものを用意している．Google Colab で実行する場合は形態素解析のための事前の準備[4]を忘れないようにしよう．

```
1  import MeCab
2
3  tagger = MeCab.Tagger('-Owakati')
4  sentences = ['与党と野党では与党を支持する。野党は支持しない。',
5               '与党と野党それぞれの支持者に支持する理由を聞く。',
6               '与党の賛成多数で可決した。']
7
8  tokenized_docs = [tagger.parse(sentence).split() for sentence in sentences]
```

次にこれを使って word2vec の学習を行おう．今回は単語ベクトルの次元数を 5 としよう．コードは次のとおりである．

ソースコード 9.4　word2vec の学習コード

```
1  import gensim
2
3  # モデルの生成
4  word2vec = gensim.models.Word2Vec(vector_size=5, min_count=1)
5
6  # 語彙（単語リスト）の設定
7  word2vec.build_vocab(tokenized_docs)
8
9  # word2vecの学習
10 word2vec.train(tokenized_docs, total_examples=word2vec.corpus_count, epochs=word2vec.epochs)
11
12 # 学習した結果の確認（結果は毎回変わる）
13 print(word2vec.wv.vectors)
```

ここで sentences は 8.2.6 項で使ったものと同じであり，21 の単語からなっているものである．したがって，21 個の 5 次元ベクトルが学習されているはずである（21×5 の行列）．実際に学習したモデルを使って演算もできる．ただし，学習データが少なすぎるので演算結果は信用できないものであろう．

---

[4] 6.3 節で述べた前準備.

9.4.2　事前学習モデルを初期値として利用する

▌前準備: PyTorch で embedding 層を定義して使う▐

　事前学習した単語ベクトルを，行いたい自然言語処理の embedding 層の初期値として利用することができる．embedding 層を定義して使う方法は次のとおりである．

```
1  import torch
2
3  emblayer = torch.nn.Embedding(21, 5)
4  print(emblayer.weight)
```

　これは PyTorch で 21 × 5 の embedding 層を作り出すコードである．初期値はランダムな値が入れられ，実行のたびに異なるだろう．たとえば次のようなものが出力されているはずだ．

```
tensor([[-0.9367,  0.1979, -0.3567,  2.8677, -1.0442],
        [-1.5176,  0.9241,  0.3851,  0.6426, -0.2748],
        ...
        [-1.1215,  0.1979, -0.5236, -0.6554,  0.2913],
        [-0.8902,  1.3051, -1.2492, -0.6380, -1.4116]], requires_grad=True)
```

▌Pytorch の embedding 層の初期値を事前学習済みの値にセットする▐

　次に，先ほど学習した `word2vec.wv.vectors` を初期値に設定する．

```
1  import torch
2
3  w2v = torch.tensor(word2vec.wv.vectors, dtype=torch.float32)
4
5  emblayer = torch.nn.Embedding.from_pretrained(w2v)
6  print(emblayer.weight)
```

`torch.nn.Embedding.from_pretrained(w2v)` は学習済みの単語ベクトルを読み込んで embedding 層を設定するものである．先ほど学習した分散表現 `word2vec.wv.vectors` を与えているだけなので，何度繰り返しても `emblayer.weight` には同じ値が入ることがわかるだろう．もちろん `word2vec.wv.vectors` の学習を行うと別の値になる．

　なお，この `emblayer` を使って学習を進めても単語ベクトルの更新は行われない．単語ベクトルの更新も行いたい場合は，`torch.nn.Embedding.from_pretrained(w2v, freeze=False)` とする．

▌PyTorch の embedding 層の初期値の一部を事前学習済みの値にセットする▐

　また，学習済みの単語ベクトルに含まれない単語の分散表現も欲しいときもあるだろう．たとえば今回の場合は，21 の token には学習済みの重みを，それ以外の単語には適当なランダム初期値を利用したいこともあるだろう．たとえば 30 token からなる embedding 層を用意し，その 0 番目から 20 番目までの単語ベクトルを学習済みのもの，それ以外をランダム初期値にする場合は次のようにする．

```
1  import numpy as np
2
3  # 30 x 5 のランダム行列を作成
4  w2v = np.random.randn(30, 5)
```

```
5
6  # word2vec.wv.vectors を w2v[0] から w2v[20] までに代入
7  for i, vec in enumerate(word2vec.wv.vectors):
8    w2v[i] = vec
9
10 w2v = torch.Tensor(w2v)
11 emblayer2 = torch.nn.Embedding.from_pretrained(w2v, freeze=False)
12 print(emblayer2.weight)
```

繰り返すたびに，21 番目以降の重みのみが異なることがわかる．

章 末 問 題

9-1　9.3 節を参照して学習済み単語分散表現を読み込み，単語間の類似度を求めよ．また，指定した単語と類似する単語，およびそれらとの類似度を類似度順に出力せよ．

9-2　9.4 節を参照して，何らかのテキストコーパスから word2vec により単語の分散表現を学習せよ．できれば大きなテキストコーパスを用意するのが望ましい．その上で，単語分散表現の確認，単語間の類似度の確認，ベクトル演算などを行い，結果を考察せよ．

第 **10** 章

テキストデータの機械学習

本章の目標

- テキスト処理のための深層モデルを理解する.
- 時系列（単語列）のモデル化について理解する.
- 事前学習モデルの利用法を理解する.

　深層学習により，高度なテキスト処理が可能になってきている．第 8 章では，伝統的な文書のベクトル表現を学んだ．第 9 章では，深層モデルによる単語のベクトル表現を学んだ．この章では，深層モデルによる文書のベクトル表現について学ぶ．なお，文書が 1 文からなる場合は文のベクトル表現となり，この章では「文のベクトル表現」と「文書のベクトル表現」は同じ意味で使う．

　次に，学習済みのモデルの使用方法について学ぶ．テキスト処理のためのニューラルネットワークを使った大規模深層モデルはその学習に大量のデータと計算資源を必要とし，誰もが気軽に作成できるわけではない．また，対象とする解きたい問題について，大量にデータを集めることができないケースも多く，そのような場合は深層モデルをはじめから学習することはできない．では一体どうやって深層モデルを使えばよいのだろうか．そのための方法として，事前学習モデルと転移学習について学び，基本的な事前学習モデルを使う方法を学ぶ．

10.1　深層学習による文書のベクトル表現

　第 8 章では，Bag-of-Words やトピックモデルに基づく文書のベクトル表現を学んだ．これらは文書中の単語の統計量，トピックの統計量などに基づいて文書を表現しており，語順を考慮できていない問題があった．n-gram を用いることで，局所的な語順を多少考慮できるが，文書全体の意味表現を取り出すことはできていなかった．

10.1.1　Simple Word-Embedding-based Model (SWEM)

　はじめに，深層モデルによる単語の分散表現を用いた単純な文書のベクトル表現 SWEM[1] について述べる．文書に含まれる各単語のベクトルに対して平均をとったものを文書のベクトル表現とする average pooling と成分ごとに最大値をとったものを文書のベクトル表現とする max pooling が

---

[1]　D. Shen, *et al.*, "Baseline Needs More Love: On Simple Word-Embedding-Based Models and Associated Pooling Mechanisms", ACL, 2018.

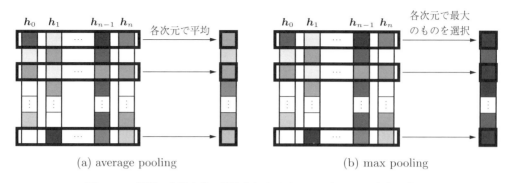

(a) average pooling   (b) max pooling

図 10.1　単語の分散表現の単純な組合せ (pooling) による文書の表現

有名である（図 10.1）．両者を統合したものもある．このモデルでは語順は考慮できない．このほかの pooling 法もあるが，ここでは割愛する．

10.1.2　時系列のモデル

音声，電圧，地震波形などのセンサから入力される信号や経済指標，天気などの時系列データをモデル化したり予測したりするためには，データの順序が重要である．自然言語の文も，単語が次々に生成もしくは観測されているとみなすことができるため，時系列として扱うことができる．

再帰型ニューラルネットワーク (RNN)

時系列のモデル化では過去の（順序をもった）データから未来のデータを予測することが必要である．時系列のための基本的な深層モデルとして，再帰型ニューラルネットワーク (Recurrent Neural Network: RNN) がある．順伝播型 (feed forward) ニューラルネットワークと再帰型ニューラルネットワークを図 10.2 に示す．

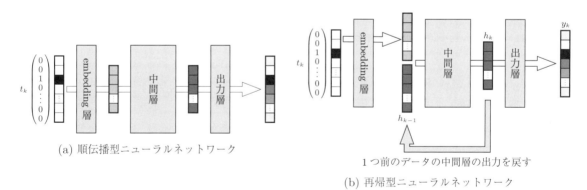

(a) 順伝播型ニューラルネットワーク

(b) 再帰型ニューラルネットワーク

図 10.2　順伝播型と再帰型ニューラルネットワーク

再帰型ニューラルネットワークでは，データ t_{k-1} が入力された直後の中間層の出力 h_{k-1} を覚えておき，次のデータ y_k を予測するときに現在与えられたデータ t_k と過去の出力結果 h_{k-1} を参照する，という仕組みになっている．時間方向に展開した図は図 10.3 のとおりである．

この例では「[CLS] 晴れ ない」という文字列が順（時間順）にネットワークに入ってきたときのそれぞれのタイミング（時刻）での予測の方法を表している．予測としては，次単語予測と天気予

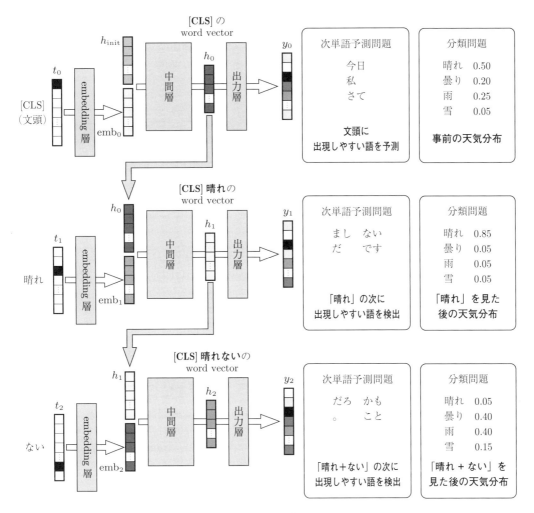

図 10.3 RNN の時間展開図

測のタスクを説明のために書いたが，ほかの予測も可能である．まず，[CLS] という文頭記号 t_0 が入力された直後では，中間層の出力結果 h_0 に文頭の [CLS] の分散表現に相当するものが取り出されている．これを使って，次の単語を予測したり，天気を予測したりする．この時点では文頭の情報しかないため，次単語予測では文頭に出現しやすい単語が予測され，天気予測では，過去にあった天気分布が予測されることになる．

　続いて，「晴れ」という単語 t_1 が入力されたとき，中間層には「晴れ」の分散表現 emb_1 と前回の中間層の出力 h_0 が入力され，h_1 が出力される．これは，「[CLS] 晴れ」を合成した分散表現に相当するものといえる．これを使って，次単語予測や天気予測を行うと，次単語予測では文頭に「晴れ」がきた後に出やすい単語を，天気予測では「晴れ」を予測することになる．

　さらに，「ない」という単語 t_2 が入力されたときは，中間層には「ない」の分散表現 emb_2 と前回の中間層の出力 h_1 が入力され，h_2 が出力される．これは，「[CLS] 晴れ ない」を合成した分散表現に相当するものといえる．この時点での予測は先ほどまでの予測結果と異なり，文字列「[CLS] 晴れ ない」が入力された後の予測となる．

　この例では逐次的に予測するような説明をしたが，単語列（文や文書）の分類問題では，最後の単語が入力された後の中間層の結果を使った予測のみを行う．逐次的な予測は，時系列予測（次単語予測）に使われ，音声認識や機械翻訳などで利用されてきた．近年では，後述する Transformer が使われていることが多い．

RNN の発展 — LSTM —

　単純な RNN では，直前の中間層の出力しか利用しなかった．このため，時系列が長すぎる場合（単語列が長い場合）に，遠い時間（遠い過去）のデータとの関係がうまく扱えない問題があった．人が長すぎる文を書くとき，主語と述語があわなくなるのと同様である．この問題を解決する RNN の一種として，Long Short-Term Memory (LSTM) がある．LSTM は，内部に CELL とよばれる状態を保存しており，直前の中間層の出力ベクトルだけでなく，この CELL の値も予測に使う．CELL は遠い過去 (Long) の情報，中間層の出力は近い過去 (Short) の情報といえる．

　LSTM のほかの RNN モデルとして，Gated Recurrent Unit (GRU) がある．GRU は LSTM よりもパラメータが少ない．データが少なかったり複雑でないタスクでは LSTM よりも適している可能性がある．

双方向の時系列モデル

　株価や天気，気温などの時系列予測や，音声認識や音声対話システムなどでは過去に得られた時系列データから未来のデータを予測する．一方，テキストデータを扱う場合，"過去"の時系列だけでなく"未来"のデータを参照できる状況がある．たとえば，穴埋め問題などはその典型といえる．

[穴埋めの例]

　　私 は 滋賀 __ の データサイエンス 学部 の 学生 です

下線部の単語は「大学」であるが，これを正しく予測するのに，前の「私 は 滋賀」だけではなく，後ろの「の データサイエンス 学部 の 学生 です」も利用する必要があることがわかるだろう．「データサイエンス学部」が推測の重要な手がかりではあるが，直前が「滋賀」であることも推測に重要である．前からだけの予測では，「県」「県警」「出身」「に」「の」などが候補に挙がり，後ろからだけでは「一般」「現在」「人気」などが候補に挙がる．このように双方向から予測するモデルを bidirectional RNN とよぶ．双方向の LSTM は BiLSTM とよばれる．

　穴埋めだけでなく，文書分類などの単語列全体が与えらえた上で解くタスクでも双方向から文書の特徴をとることができる．文書分類では，順方向 RNN で文書末の単語が入力された直後の中間層の出力結果と逆方向 RNN で文書の先頭単語が入力された直後の中間層の出力結果とを組み合わせて文書の特徴量とし，出力層に送るといったことも行われる．その様子を図 10.4 に示す．

　最初や最後の中間層の出力結果だけを使うのではなく，すべての中間層の出力結果を使うこともある．それぞれの中間層の出力結果は，前後の文脈を考慮した単語のベクトル表現となっているともいえるし，文書全体のベクトル表現ともいえる．ここでも SWEM で説明したものと同じように，この中間層の出力結果のベクトル全体に対して pooling を行うことで，すべての情報を考慮した文書のベクトル表現を得ることができる．この様子は次の図 10.5 のようなものである．

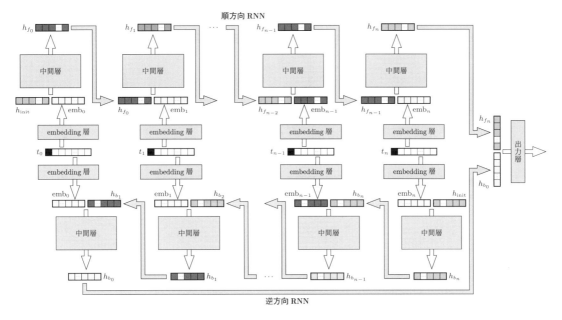

図 10.4　双方向 RNN による文書全体のベクトル表現の取り出し（その 1）

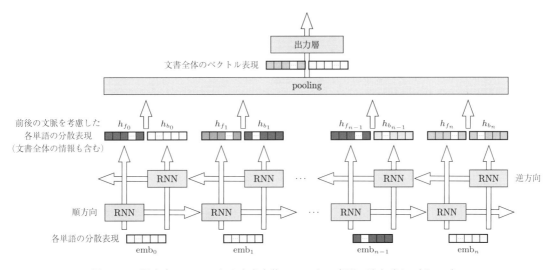

図 10.5　双方向 RNN による文書全体のベクトル表現の取り出し（その 2）

10.1.3　アテンションを用いた文書のベクトル表現の取り出し

▎アテンション▎

　アテンション (attention) とは，何かを予測する際にどこに着目するべきかを与えるモデルのことである．たとえば，「私は学校に行った」を英語に翻訳することを考えたとき，各英単語を生成（選択といってもよい）する際に元の日本語文のどこにそれぞれ着目するだろうか．図 10.6 に注意を向ける単語の例を示した．

　英訳をするとき文頭の単語を生成する際には，主語を書くために日本語の「私 は」の部分を参照するはずだ．次に動詞の部分「行っ た」を参照する．次々に参照する箇所が変わることが理解でき

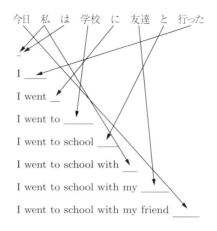

図 10.6　英単語選択におけるアテンションの例

るだろう．このような処理を実現するのがアテンションである[2]．

　アテンションは翻訳だけにとどまらない．たとえば画像からその画像の説明文を生成できるようになってきているが，その際にも画像のどこに着目して文を生成するかということがアテンションを使って実現できるようになっている．また，音声認識においてもアテンションが使われる．文字を選択する際に音声のどの部分に着目するかをアテンションが教えてくれる．

■ セルフアテンション ■

　実は先ほどまでのアテンションは，日本語-英語，画像-テキスト，音声-テキストのように異なるものの間でのアテンションであった．これはクロスアテンションとよばれている．それに対し，自分自身の中でアテンションを使うことをセルフアテンションとよぶ．テキストでは，多義語に対する単語ベクトルを抽出する際に使うことができる．たとえば「米」という単語を考えよう．これは，文脈によっては「食べられる状態（炊いた後）の米」を指す場合もあれば，「イネの種子」を指すこともある．また，「アメリカ」であったり，「メートル」であったりもする．つまり単語「米」に対してより精度のよいベクトルを得るためには，文脈を考慮することが重要である．これはすべての単語に対していえることである．そこで BiLSTM を利用した文脈依存の単語ベクトル表現 (ELMo) が考えられた[3]．セルフアテンションを利用して文脈依存の単語ベクトル表現を得る方法もあり，代表的なものが BERT である[4]．BERT を使うと，各単語に対して文脈依存の単語ベクトルが得られるだけでなく，文書全体のベクトル表現も得られる（図 10.7）．

　E_* など E ではじまるものが文脈に依存しない単語ベクトル（第 9 章で学んだ word2vec など）であり，T_* など T ではじまるものが文脈を考慮した単語ベクトルである．T_* を得るために，「米」を含む同じ文内の単語に注意を向けている．これがセルフアテンションである．また，文の先頭に [CLS] という特別な token を入れ，それに対応する文脈依存の単語ベクトルの部分 (C) から文書全体のベクトル表現を得ることができる．

---

[2] 特定の単語のみに注意を向ける場合と，各単語にどれくらい注意を向けるかという確率を与える場合がある．

[3] M. E. Peters, *et al.* "Deep contextualized word representations", NAACL-HLT, 2018.

[4] J. Devlin, *et al.* "BERT: Pre-training of Deep Bidirectional Transformers for Language Understanding", NAACL-HLT 2019（最初の公開は 2018）．

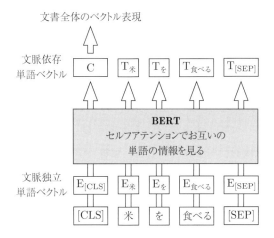

図 10.7 BERT を使った文脈依存の単語ベクトルと文書全体のベクトル表現の取り出し

10.2 事前学習モデル

10.2.1 自己教師あり学習

深層モデルの学習には大量の時間と計算資源が必要である．実は，このような大量のデータですでに学習した学習済みの汎用モデルが公開されている．これを**事前学習モデル**とよぶ．このモデルは高精度ではあるが，特定の目的に特化されているわけではなく，解きたい問題（タスク）に対してうまく動かないこともある．英語の勉強を頑張って一般的な英会話ができるようになっても，ある専門分野（たとえば医学や法律など）について英語で議論できるかといわれれば，ほとんどそうでないというのと同じである．

そこで，すでに学習されたモデルを，目的とするタスクで使えるように，目的タスク用の少量のデータで学習しなおすといったことが行われる．これを**転移学習**とよぶ．最近では，事前学習モデルに追加した出力層や変更した層（主に出力に近い層）のみを学習することを（狭い意味での）転移学習とよんでいることもあるので注意が必要である．「ファインチューニング」という語が最近ではこの狭い意味の転移学習とは対照的な意味で使われることが多い．すなわち，変更していない層の一部または全部（モデル全体）を再学習することを指す用語として使われていることが多くなっているので注意が必要である．

近年 Transformer[5]をベースとした事前学習モデルがよく利用される．BERT や GPT といったテキスト処理モデルだけでなく，画像用の Vision Transformer，音声用の wav2vec2 などが事前学習モデルとして整備されている．事前学習モデルの発展には，自己教師あり学習が大きくかかわっている．自己教師あり学習とは，人間が正解ラベルを与えない学習方法であり，大きな分類では教師なし学習といえる．大量のデータを与えるだけで有用な特徴ベクトルを取り出すことができ，これが成功を収めているといえる．BERT は，穴埋め (Masked Language Model, MLM) と次文予測 (Next Sentence Prediction, NSP) という 2 つのタスクで事前学習されている．前者は，与えられたテキストの一部の単語を隠した上で隠した単語を予測するタスクであり，人間が正解を教える必要がない．後者は，つながった 2 文とつながらない 2 文を抽出してそれを予測するタスクであり，

---

[5] A. Vaswani, *et al.* "Attention Is All You Need", NIPS, 2017.

やはり人間が正解を教える必要がない．このような自己教師あり学習を大量のデータで学習することで精度の高い事前学習モデルが構築されている．

10.2.2 Huggingface Transformers

先ほど述べた BERT は，Huggingface Transformers[6]というライブラリを利用することで簡単に利用できるようになっている．GPT やそのほかのモデルも公開されており，非常に便利である．

日本語の BERT モデルは複数公開されているが，東北大学の BERT[7]を利用してみよう．いくつか種類があるが，token を単語としているもの (bert-base-japanese-whole-word-masking) にしよう．Google Colab で実行するには次の事前準備が必要である．

```
!pip install transformers fugashi ipadic
```

次にモデルを読み込もう．BERT 利用には各 BERT の学習時と同じ tokenizer が必要であるのでそれも読み込んでおく（ソースコード 10.1）．

ソースコード **10.1** Huggingface Transformers を使った BERT の読み込み

```
1  import torch
2  from transformers import AutoModel, AutoTokenizer
3  tokenizer = AutoTokenizer.from_pretrained('cl-tohoku/bert-base-japanese-whole-word-masking')
4  model = AutoModel.from_pretrained('cl-tohoku/bert-base-japanese-whole-word-masking')
```

次に文を与えて BERT へ入力するための token の id 列に変換する．

ソースコード **10.2** BERT に入力するための tokenize

```
1  sentences =['日米で競争する',
2              '百米のタイムを競う',
3              '白い米を食べる',
4              '滋賀県産の米'
5              ]
6  # tokenizeする
7  input = tokenizer(sentences, padding=True, truncation=True, return_tensors='pt')
8
9  # tokenizeされた結果の表示
10 print(input.input_ids)
11
12 # 単語列として表示
13 for idsent in input.input_ids:
14     print(tokenizer.convert_ids_to_tokens(idsent))
```

結果は次のようになるだろう．

```
tensor([[   2,   32,  885,   12, 5552,   34,    3,    0],
        [   2, 1625,  885,    5, 3210,   11, 16354,   3],
        [   2, 6950,  885,   11, 6303,    3,    0,    0],
        [   2, 6697,  149,  997,    5,  885,    3,    0]])
['[CLS]', '日', '米', 'で', '競争', 'する', '[SEP]', '[PAD]']
['[CLS]', '百', '米', 'の', 'タイム', 'を', '競う', '[SEP]']
['[CLS]', '白い', '米', 'を', '食べる', '[SEP]', '[PAD]', '[PAD]']
```

[6] T. Wolf, *et al.*, "Transformers: State-of-the-Art Natural Language Processing", EMNLP, pp.38–45, 2020, https://github.com/huggingface/transformers, https://huggingface.co/docs/transformers/index
[7] https://github.com/cl-tohoku/bert-japanese

```
['[CLS]', '滋賀', '県', '産', 'の', '米', '[SEP]', '[PAD]']
```

id $= 2$ は [CLS] であり，id $= 885$ は「米」である．[SEP] は文の終わりを表す記号であり，[PAD] はダミーデータである．BERT に複数文を入力する際には，すべての文の長さを同じにしておく必要があるため，足りない分を [PAD] で埋めている（padding するという）．

さて，この BERT モデルから文脈依存の単語ベクトルと入力全体（文書/文）のベクトルを取り出してみよう．文脈依存の単語ベクトルの取り出しと，それらを用いた単語間の距離を求めるコードは以下のとおりである．

ソースコード **10.3** BERT からの文脈依存の単語ベクトルの取り出し

```
1  import torch.nn as nn
2
3  # モデルを推論モードに
4  model.eval()
5
6  # BERTに入れて出力を得る
7  output = model(**input) # [PAD]の部分を計算しないように，input.attention_maskの情報も必要
8
9  # last_hidden_state が各tokenに対する文脈依存の単語ベクトル
10 kome1 = output.last_hidden_state[0][2]     # 1番目の文の前から3単語目「米」<--アメリカ
11 kome2 = output.last_hidden_state[1][2]     # 2番目の文の前から3単語目「米」<--メートル
12 kome3 = output.last_hidden_state[2][2]     # 3番目の文の前から3単語目「米」<--ライス
13 kome_test = output.last_hidden_state[3][5] # 4番目の文の前から6単語目「米」<--ライス
14
15 # 文脈依存単語ベクトル間の距離
16 cos = nn.CosineSimilarity(dim=0)
17 print('文脈依存の vec(米)')
18 print('(日米の「米」，滋賀県産の米の「米」)=', cos(kome1, kome_test).item())
19 print('(百米の「米」，滋賀県産の米の「米」)=', cos(kome2, kome_test).item())
20 print('(白い米の「米」，滋賀県産の米の「米」)=', cos(kome3, kome_test).item())
```

結果は次のようになる．

```
文脈依存の vec(米)
(日米の「米」，滋賀県産の米の「米」)= 0.6540073752403259
(百米の「米」，滋賀県産の米の「米」)= 0.7361830472946167
(白い米の「米」，滋賀県産の米の「米」)= 0.8542267084121704
```

input はソースコード 10.2 の tokenizer で得られたものである．output.last_hidden_state で，BERT の出力 (output) の文脈依存ベクトル（図 10.7 の C と T）を取り出している．10 行目の output.last_hidden_state[0][2] では，最初の入力（文）の前から 3 つ目の単語に対する文脈依存単語ベクトルを取り出している．

結果を確認してほしい．「滋賀県産の米」の「米」はイネの種子の意味（または炊いた状態のコメの意味）の「米」であり，これと意味の近い「白い米を食べる」の「米」（食べられる状態の炊いたコメ）とは相対的に類似度が高いことがわかる．「滋賀県産の米」の「米」は，アメリカの意味の「米」，メートルの意味の「米」とは類似度が相対的に低いことがわかる．

なお，入力全体（文書/文）のベクトル表現は output.pooler_output とすることで取り出すことができる．

ソースコード **10.4**　BERT からの文ベクトルの取り出し

```
1  import torch.nn as nn
2
3  # モデルを推論モードに
4  model.eval()
5
6  # BERTに入れて出力を得る
7  output = model(**input)
8
9  # pooler_output が入力全体のベクトル
10 S = output.pooler_output
11 print(S)
12 print(S.shape)  # 4 x 768（4文それぞれに768次元のベクトル）
13 print(S[0])     # 最初の入力全体のベクトル
```

10.2.3　BERT の活用方法

　BERT によって取り出された文脈依存の単語ベクトルを用いることで，さまざまなテキスト処理が高精度にできるようになっている．BERT を用いた固有表現認識 (Named Entity Recognition: NER) の例を図 10.8 に示す．固有表現とは，人名や地名，組織名などの固有名詞や金額，日付といった表現のことであり，それをテキストから抽出するタスクが固有表現認識である．事前学習モデルがないときは専用のモデルをはじめから設計し学習する必要があった．事前学習モデル BERT を用いることで，BERT から出力される文脈依存の単語ベクトルそれぞれを識別器に通し，固有表現であるか，固有表現の場合はどのタイプの固有表現かを分類させるという使い方ができる．このとき，識別器のみを固有表現認識用の（少量の）データで学習するのは 10.2.1 項で述べた狭い意味での転移学習，識別器と BERT 全体を学習するのはその対比の意味で使われるファインチューニングである．

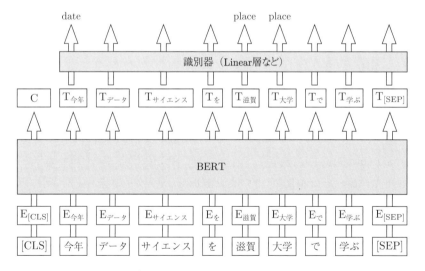

図 10.8　BERT による文脈依存の単語ベクトルを用いたテキスト処理の例（固有表現認識）

　BERT を使うと，識別器のみを差し替えることで，さまざまな自然言語処理タスクが高精度に実現できる．たとえば，ある問題に対する答えの開始位置と終了位置を予測させることで質問応答が

実現できる.

　もう 1 つ, 文書/文ベクトルの利用法も紹介しておこう. 図 10.9 に文書分類の例を示した. これは, 与えられた入力テキスト全体のベクトル表現を識別器に入力し, ランクを出力している例である. 識別器や識別器と BERT を口コミなどのランク付きテキストで学習することで, 入力文が肯定的か否定的かを予測するモデルを学習できる. 同じ仕組みで感情分析も実現できる. また, 入力文が文法的に正しいかなどの予測にも利用可能である.

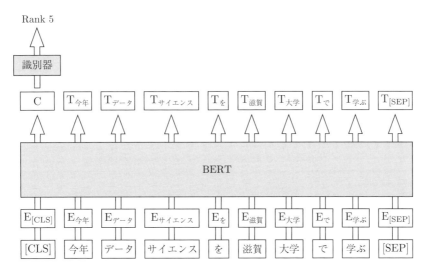

図 10.9　BERT による入力全体（文書/文）のベクトルを用いたテキスト処理の例（文書分類）

　BERT では事前学習で 2 文の接続関係を学んでおり, BERT を用いることで 2 文を使ったタスクも高精度に実現できる. たとえば, 2 つの文が意味的に等価であるか, 1 つ目の文から 2 つ目の文がいえるか（自然言語推論）などのタスクを, 少量のデータで転移学習することによって高精度に実現できる. ほかにもさまざまな使い方ができるので, どのような使い方ができるかを学んでほしい.

10.3　BERT 文書分類モデルの学習

▨ 前準備 ▨

　「SNOW T23:やさしい日本語拡張コーパス」[8] を使って,「やさしい日本語」[9] かそうでない日本語かを分類するモデルを学習しよう. コーパスは, `https://www.jnlp.org/GengoHouse/snow/t23` からダウンロードできる. ダウンロードをクリックすると `T23-2020.1.7.xlsx` が得られるはずだ. Google Colab で使用する場合は, これを Colab Notebooks の NLP の下に置いておこう.

　Google Colab では transformers ライブラリを使えるように準備しておこう.

```
!pip install transformers fugashi ipadic
```

学習にはかなりの計算コストが必要である. GPU を使える場合は使えるようにしよう. 次のソー

---

8) Akihiro Katsuta and Kazuhide Yamamoto. "Crowdsourced Corpus of Sentence Simplification with Core Vocabulary", The 11th LREC 2018, pp.461–466, 2018.
9) 日本語を母語としない人にもわかりやすい日本語.

スコード 10.5 で GPU が使えるかを確認できる.

ソースコード **10.5**　GPU が使えるかの確認

```
1  import torch
2  device = torch.device('cuda:0' if torch.cuda.is_available() else 'cpu')
3  print(device) # cuda:0 と出力されれば GPU が使える
```

```
cuda:0
```

上記のように cuda:0 と出力されれば GPU が使える. cpu と出力されたら GPU は使えない. この後 device は自動で CPU と GPU のどちらかを使うかの変数として使うので必ず実行しておいてほしい. GPU が複数ある場合は cuda:1, cuda:2, ... のように使う GPU を指定できる. Google Colab を使う場合は,「ランタイム」から「ランタイムのタイプの変更」で GPU を選ぼう.

次に, pandas を使ってエクセルファイルを読み込もう.

ソースコード **10.6**　エクセルデータの読み込み

```
1  import pandas as pd
2  df = pd.read_excel('/content/drive/MyDrive/Colab Notebooks/NLP/T23-2020.1.7.xlsx')
3  df.head()
```

このデータには, **#やさしい日本語**と**#日本語（原文）**という列があり, それを使う. df.isnull().sum() を実行して, 欠損データがないかを確認しておこう. このデータには欠損データはないはずだ.

次に, それぞれを読み込み, 読み込んだ結果を表示しよう. ソースコードは次のとおりである.

ソースコード **10.7**　列の取り出し

```
1  easyJaSent = pd.Series(df['#やさしい日本語'])
2  normalJaSent = pd.Series(df['#日本語（原文）'])
3  print(easyJaSent)
4  print(normalJaSent)
```

Dataset と DataLoader

機械学習するための学習データや評価データを一定の形式で取り出すための設定をする. ここでは Dataset でデータを用意し, DataLoader で取り出す. DataLoader を使えば Dataset のデータをランダムで取り出したり, ミニバッチにして取り出したりできる.

これらの設定は次のように行う.

ソースコード **10.8**　Dataset と DataLoader の設定

```
1  import torch
2  import torch.nn as nn
3  from torch.utils.data import Dataset, DataLoader
4
5  batch_size=128
6
7  # 学習データと学習に使わない未知データに分ける
8  # 未知データは, ハイパーパラメータを決めるための検証データ (valid_data)と
9  # 最終評価に使うテストデータ (eval_data)に分けるのが通常だが,今回は検証データだけにする
```

```
10  train_ratio = 0.99 # 全体データに対する学習データの割合
11  num_train = int(len(easyJaSent) * train_ratio) # 学習データの数
12  num_valid = len(easyJaSent) - num_train          # 検証データの数
13
14  # 学習データのdataset作成とdataloaderの設定
15  # .head(num_train) で上からnum_trainのデータを取り出す
16  # train_loaderはbatch_size(128)のデータをランダムに取り出す設定
17  train_dataset = MyDataset(easyJaSent.head(num_train), normalJaSent.head(num_train))
18  train_loader = DataLoader(train_dataset, batch_size=batch_size, shuffle=True)
19
20  # 検証データのdataset作成とdataloaderの設定
21  # .tail(num_valid) で下からnum_validのデータを取り出す
22  # valid_loaderはシャッフルせずにbatch_sizeのデータを取り出す設定
23  valid_dataset = MyDataset(easyJaSent.tail(num_valid), normalJaSent.tail(num_valid))
24  valid_loader = DataLoader(valid_dataset, batch_size=batch_size, shuffle=False)
```

まずデータ全体を学習データと学習に使わない未知データに分ける．未知データは，通常ハイパーパラメータを決める検証データと最終評価に使うテストデータに分けるが，ここでは検証データだけを用意する．学習の各段階で学習に使っていない検証データに対する性能を確認する．全体データの上から99％を学習データに使い，残りの1％を検証データとして用意している．

MyDataset は自作の Dataset クラスである．これに，やさしい日本語とそうでない日本語を与えて，データセットを構成している．次のように定義しよう[10]．

ソースコード 10.9 自作 Dataset の設定

```
1  from torch.utils.data import Dataset, DataLoader
2
3  class MyDataset(Dataset):
4      def __init__(self, easySent, normalSent):
5          super().__init__()
6
7          '''
8          easySent: やさしい日本語
9          normalSent: やさしい日本語以外
10         '''
11         self.text = []
12         self.labels = []
13
14         # やさしい日本語はラベルを0に
15         for sent in easySent:
16             sent = sent.rstrip('¥n')
17             sent = sent.replace(' ','')
18             self.text.append(sent)
19             self.labels.append(0)
20
21         # やさしい日本語以外はラベルを1に
22         for sent in normalSent:
23             sent = sent.rstrip('¥n')
24             sent = sent.replace(' ','')
25             self.text.append(sent)
26             self.labels.append(1)
27
28         self.len = len(self.labels)
29
30     def __len__(self):
```

[10] ソースコード 10.8 で Mydataset を呼び出す前に定義しないとエラーが起きるので注意．

```
31        return self.len
32
33    # datasetがよばれたときにテキストとラベルの組を返す
34    def __getitem__(self, index):
35        data = self.text[index]
36        label = self.labels[index]
37
38        return data, label
```

▍モデルの学習と未知データでの評価 ▍

　次に分類モデルを学習させよう．BERT に基づくモデルを利用する．BERT を呼び出して自分で識別層を付けてもよいが，それを自動でやってくれる BertForSequenceClassification を利用しよう．これを使ってインスタンス化するときに識別器の出力クラス数を設定できる．BertForSequenceClassification.from_pretrained(モデル名, num_labels=2) のように num_labels を指定する．今回は 2 クラス分類なので 2 を指定しよう．ソースコードは以下のとおりである．BERT モデルは今回も東北大学のモデルにしよう．GPU のメモリが足りないという場合は，ソースコード 10.8 で batch_size を小さくするとよい．

ソースコード 10.10　BERT 文書分類モデルの学習

```
1  import torch
2  import torch.nn as nn
3  from transformers import AutoTokenizer, BertForSequenceClassification
4  import matplotlib.pyplot as plt
5
6  # テスト用の関数
7  def modeltest(model, dataloader):
8      model.eval()
9      total = len(dataloader.dataset)
10     correct = 0
11     with torch.no_grad():
12         for text, labels in dataloader:
13             input = tokenizer(text, padding=True, truncation=True, return_tensors='pt').to(d
    evice)
14             pred = model(**input)
15
16             correct += (torch.argmax(pred.logits.cpu(), dim=1) == labels).sum().item()
17
18     return correct/total
19
20  # 途中経過の表示
21  def reportProgress():
22      model.eval()
23      acc = modeltest(model, valid_loader)
24      losslist.append(loss.item())
25      acclist.append(acc)
26      iterlist.append(iter+epoch*num_iter)
27      print('epoch[%d/%d] iter=%d: trainLoss=%f, acc=%.2f%%' % (epoch+1, num_epoch, iter, los
    s.item(), acc*100))
28      model.train()
29
30  # tokenizerとmodelのインスタンス化
31  modelName = 'cl-tohoku/bert-base-japanese-whole-word-masking'
32  tokenizer = AutoTokenizer.from_pretrained(modelName)
33  model = BertForSequenceClassification.from_pretrained(modelName, num_labels=2).to(device)
34
```

```
35   # 学習用の設定
36   criterion = nn.CrossEntropyLoss() # 損失関数はクロスエントロピー
37   optimizer = torch.optim.AdamW(model.parameters(), lr=1e-5) # AdamWを使う
38   num_epoch = 2
39
40   num_iter = len(train_loader.dataset) // batch_size
41   if len(train_loader.dataset) % batch_size != 0:
42       num_iter += 1
43
44   losslist = []
45   acclist = []
46   iterlist = []
47
48   # 学習本体
49   model.train()
50   for epoch in range(num_epoch): # num_epoch分繰り返す
51       for iter, (text, labels) in enumerate(train_loader,1):
52           labels = labels.to(device)
53           input = tokenizer(text, padding=True, truncation=True, return_tensors='pt').to(devic
     e)
54           optimizer.zero_grad()
55           pred = model(**input)
56           loss = criterion(pred.logits, labels)
57           loss.backward() # 誤差伝播
58           optimizer.step() # パラメータ更新
59
60           if iter % 10 == 0:  # 一定回数ごとに未知データに対する分類精度を調べる
61               reportProgress()
62
63       # epochの最後
64       reportProgress()
65
66       # グラフ化
67       plt.plot(iterlist, losslist)
68       plt.plot(iterlist, acclist)
69       plt.show()
```

```
epoch[1/2] iter=10: trainLoss=0.686332, acc=52.33%
epoch[1/2] iter=20: trainLoss=0.666956, acc=60.79%
epoch[1/2] iter=30: trainLoss=0.625473, acc=63.41%
（省略）
epoch[2/2] iter=520: trainLoss=0.135495, acc=89.80%
epoch[2/2] iter=530: trainLoss=0.163726, acc=89.94%
epoch[2/2] iter=531: trainLoss=0.117772, acc=90.09%
```

modeltest() はテストデータに対する分類性能を返す関数である．reportProgress() は途中経過を出力するための関数である．10iter ごとおよび各 epoch の最後に分類精度を測っている．結果は毎回変わるが，学習ごとに分類精度が高くなり，90 ％ 程度の精度がでることが確認できるだろう．

なお，このソースコードでは dataloader でテキストを取得し，毎回 tokenize を行っているが，epoch ごとに同じデータに tokenize 処理を実行することになるため，効率はよくない．dataset に tokenize 後の結果を保存しておき，dataloader でそれを取り出すという方法があるが，コードが煩雑になるので本書ではそれは避けた．

▮ 識別器だけの学習 ▮

BERT 本体のパラメータの更新は行わず識別器だけの学習（狭義の転移学習）を行うには次のようにする．基本的にソースコード 10.10 と同じであるので差分だけ示す．具体的には，モデルのインスタンス化の後の部分と optimizer 部分だけが違いである．

ソースコード 10.11 BERT 文書分類モデルの識別器部分だけの学習（ソースコード 10.10 との差分）

```
 1  # tokenizerとmodelのインスタンス化
 2  modelName = 'cl-tohoku/bert-base-japanese-whole-word-masking'
 3  tokenizer = AutoTokenizer.from_pretrained(modelName)
 4  model = BertForSequenceClassification.from_pretrained(modelName, num_labels=2).to(device)
 5  for param in model.bert.embeddings.parameters():
 6      param.requires_grad = False
 7  for param in model.bert.encoder.parameters():
 8      param.requires_grad = False
 9
10  # 学習用の設定
11  criterion = nn.CrossEntropyLoss() # 損失関数はクロスエントロピー
12  optimizer = torch.optim.AdamW(list(model.bert.pooler.parameters()) + list(model.classifier.p
        arameters()), lr=1e-5) # AdamWを使う
13  num_epoch = 10
```

model を読み込んだ後，更新させたくないパラメータ（BERT の embedding 層と encoder 層のパラメータ）を `param.requires_grad = False` で設定している．optimizer には更新する対象のパラメータを渡すが，そこでも明示的に BERT の pooler 層[11]とその上に付けた分類層 (classifier) のパラメータを指定している．epoch = 10 として学習するとおおよそ 70 % 程度の精度であることを確認できるであろう．最適化アルゴリズムや学習率を変えることでもっとよい結果が得られるかもしれないが，それは各自で確認してほしい．

```
epoch[1/10] iter=10: trainLoss=0.707380, acc=52.19%
epoch[1/10] iter=20: trainLoss=0.705981, acc=51.46%
epoch[1/10] iter=30: trainLoss=0.696123, acc=51.31%
 （省略）
epoch[10/10] iter=520: trainLoss=0.639212, acc=70.41%
epoch[10/10] iter=530: trainLoss=0.563216, acc=70.41%
epoch[10/10] iter=531: trainLoss=0.586000, acc=70.55%
```

章 末 問 題

10-1 10.2.2 項を参照して，事前学習済みの BERT を読み込め．何らかのテキストを入力として与え，文脈依存の単語ベクトルを求めよ．同じ語であっても文脈が異なれば文脈依存の単語ベクトルが異なることを確認せよ．

10-2 10.2.2 項を参照して，入力全体の文のベクトル表現を取り出せ．

10-3 10.3 節を参照して，文書分類モデルを学習し，結果を求めよ．

---

11) [CLS] に対応する BERT による文脈依存埋め込みベクトル (`output.last_hidden_state[][0]`) を pooler 層を通して入力全体（文書/文）のベクトル (`output.pooler_output`) としている．
pooler 層までが BERT 本体という考え方もあるが，ここでは pooler 層は識別器の一部として扱った．

画像データの概要

11.1 画像データとその活用事例

「百聞は一見にしかず」ということわざがあるように,視覚情報は現実の世界で生じている現象を理解する上で重要な役割を果たしている.人間は視覚を通して,目の前の物を理解したり,文字を読んだり,動きを見たりしており,人に情報を伝える手段として画像を用いることも可能である.

コンピュータに人間と同じような視覚を持たせるためには,画像データをコンピュータ上でどのように処理するのかが重要になる.本章以降では,このような視覚による情報処理(これを視覚情報処理という)をコンピュータで実現するために必要な技術を紹介する.

技術の詳細な説明に入る前に,まずは具体的な視覚情報処理の活用事例について紹介していこう.

例1 物体認識・文字認識

画像に写った被写体の種類を認識することを物体認識とよぶ.物体認識技術として古くから実用化されているのが,数字や文字の認識である.郵便番号を認識する技術は,日本では1968年から実用化されている.現在では,郵便番号だけでなく宛名も認識することができる.官製葉書の郵便番号の枠のように数字が書かれる場所が特定できる場合や,宛名認識のように画像中の文字の位置を一文字ずつ特定する必要がある場合などさまざまな場面がある(後者の方が技術的には難しい).なお,郵便物に限らず,文字を認識する技術のことを光学文字認識 (OCR) とよんでいる.

文字に限らず,画像に写った物体の種類,たとえば「自動車」「信号機」などを認識する処理も物体認識であり,自動車に搭載されたカメラから一時停止標識などを認識してドライバーに表示する機能などが実用化されている.

いずれの場合も,事前に登録された複数の物体の種類のうちから,被写体の種類を特定する処理である.

▌例 2　画像検索・物体同定▐

　画像に写った被写体の種類を認識するのではなく，その画像に「似ている」画像を大量の画像の中から探し出す処理を類似画像検索とよぶ．手元のカメラで商品を撮影して，Web 上の商品カタログから類似した商品を検索するなどの応用が考えられる．また，セキュリティの分野への応用として，人物の顔や全身を撮影して，データベース中の画像と比較し，その人物がデータベース中の誰か（または，そもそもデータベース中に存在するかどうか）を判定する処理を人物同定とよぶ．たとえば，スマートフォンのカメラに視線を向けるだけでロックを解除できる仕組みや，顔パスで通過できる顔認証自動改札などが実用化されている．いずれも，「似ている」「同一人物である」といった類似度の評価をどのように行うかが重要であり，撮影角度や照明条件などの違いの影響を少なくするための工夫が必要がある．

▌例 3　物体検出▐

　スマートフォンのカメラで集合写真を撮ろうとしたときに，写っている人の顔の部分に枠が表示されるのを見た経験があるだろう．このように，画像中に写った特定の物体の位置を推定する処理を物体検出とよぶ．工場の生産ラインに設置されたカメラで製品の位置を認識する処理も物体検出の一種である．

図 11.1　顔検出の例

出典：P.Viola and M.Jones, Robust Real-Time Face Detection,
International Journal of Computer Vision, **57**(2):137-154, 2004.

　ある特定の一種類の物体を検出するだけではなく，車載カメラから歩行者や道路標識の種類や位置を検出するなど，物体の位置の検出に加え物体認識も同時に行う処理も物体検出の一種である．

▌例 4　画像復元▐

　ピンボケした画像や，画像の一部が欠けている画像など，劣化してしまった画像を復元する処理を画像復元とよぶ．白黒画像をカラー化する技術も画像復元の一種である．これらの処理はすべて，画像から失われてしまった情報を復元する処理であり，画像に対しての何らかの知識や仮定が必要となる．

例5　3次元復元

　現実の3次元の世界を撮影することで2次元の画像を得ているが，逆に2次元の3次元の世界を復元する技術のことを3次元復元とよぶ．2台のカメラを用いる手法（ステレオ）や，1台のカメラを動かしながら3次元の形状を計測する手法 (Structure from Motion, SfM)，深層学習を用いて1枚の画像から3次元の情報を推定する手法などがある．これも，（2次元の）画像から失われてしまった3次元の情報を復元する処理であり，画像に対しての何らかの知識や仮定が必要となる．

例6　コンピュータグラフィックス・画像生成

　上で述べた事例はすべて，カメラなどを用いて現実の世界を撮影して得られた画像データを処理するものであった．逆に，コンピュータによって画像を生成する技術のことをコンピュータグラフィックス (CG) とよぶ．現実の世界で生じる光の反射や屈折などの物理現象をコンピュータ上で計算することにより，本物と見分けがつかないような画像を生成することもできるようになった．

　また，近年では大量の画像とその説明文を手本とすることにより，「城の前にいる男性」のように言葉を入力してそれに合う画像を生成する技術も開発されている．

11.2　画像データの構造

　コンピュータを用いた視覚情報処理では，人間の目に相当するデバイスとしてカメラが利用される．人間の目では，角膜と水晶体を通って入射してきた光が網膜に届き，そこで光の強度や波長（色）を平面的に知覚している．カメラにおいても，レンズを通って入射した光が光学センサに届き，そこで光の強度や波長（色）を平面的に計測し，画像データとして取得している．つまり，現実の世界は3次元の空間であるが，人間の目やカメラで得られる情報は2次元の平面的なものである．本節では，この画像データの構造について説明しよう．

11.2.1　画像の表現

　画像の例を図 11.2(a) に示す．これはモノクロ（白黒）画像の例である．カラー画像については後ほど説明する．画像データは2次元の平面的なパターンとして表現され，平面座標 (x, y) での光の強度 z を $I(x, y)$ という関数で表現する．ちょうどこれは，音声データが時系列の1次元的なパターンとして表現され，時刻 t での音の大きさを $f(t)$ という関数で表現したのと同じである．

(a) 画像

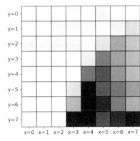

(b) (a) を拡大したもの

| | y=0 | 147 | 147 | 146 | 146 | 147 | 145 | 148 | 149 |

(c) 輝度値

図 11.2　画像の例

　音声データと同様に，コンピュータ上で画像を扱う場合は $I(x, y)$ に対して標本化と量子化を行ったものを用いる．標本化・量子化により画像を画素（ピクセル）とよばれる要素の格子状の集合で表す．各画素は光の強度 z を表す値（輝度値）をもつ．画素の例として，図 11.2(a) の白枠の領域を拡大したもの図 11.2(b) に，図 11.2(b) の各画素の輝度値を図 11.2(c) に示す．

　標本化や量子化の処理については，カメラ上で処理が完了されてしまう場合が多く意識する機会が少ない．しかしながら，画像データを扱う上で必要な知識である．

11.2.2　画像の標本化

　音の場合は，元のアナログの信号をどのくらいの時間幅でサンプリングするのか（標本化間隔）と，サンプリングされた信号を何ビットで表現するのか（量子化）を決めてデジタルデータを作成していた．画像の場合も同じ考え方をする．

　音の場合は，標本化間隔 Δt でサンプリング，つまり，$f(0), f(\Delta t), f(2\Delta t), \ldots, f((N-1)\Delta t)$ のような形でサンプリングされる．これに対して，画像は元の情報が x と y の 2 変数関数であるため，x 方向の標本化間隔 Δx と y 方向の標本化間隔 Δy を用いてサンプリングされる．すなわち，元の画像 $I(x, y)$ が $0 \leq x \leq 1$，$0 \leq y \leq 1$ の範囲で定義されているして，それを x 方向に M 個，y 方向に N 個の画素で表現すると，サンプリングされた結果は

$$
\begin{array}{cccc}
I(0,0) & I(0,\Delta x) & \cdots & I(0,(M-1)\Delta x) \\
I(\Delta y,0) & I(\Delta y,\Delta x) & \cdots & I(\Delta y,(M-1)\Delta x) \\
I(2\Delta y,0) & I(2\Delta y,\Delta x) & \cdots & I(2\Delta y,(M-1)\Delta x) \\
\vdots & \vdots & \ddots & \vdots \\
I((N-1)\Delta y,0) & I((N-1)\Delta y,\Delta x) & \cdots & I((N-1)\Delta y,(M-1)\Delta x)
\end{array}
$$

のような 2 次元の配列で表現される．ここで，$\Delta x = 1/M$，$\Delta y = 1/N$ である．一般的には Δx と Δy を同じ値にすることが多い．1 枚の画像を何個の画素で表現するかを画像の解像度とよぶ．上の式の場合は解像度 $M \times N$ の画像と表現される[1]．

　標本化間隔 Δx と Δy をどの程度にすべきかは，要求される画質や被写体によって異なる．図 11.3 に同じ画像をさまざまな解像度で表示した例を示す．標本化間隔を短く（画像の解像度を高く）すればするほど，被写体の細かい模様が表現できていることが確認できる．

256×256　　128×128　　64×64　　32×32

図 11.3　同じ画像をさまざまな解像度で表示した例

---

[1] 印刷物などでは解像度の単位として 1 インチあたりの点の数 (dot per inch (dpi)) が用いられる．

11.2.3 画像の量子化

　量子化についても，音の場合と同様である．サンプリングされた光の強度 $I(x, y)$ を離散的な値（輝度値）に変換する．多くのカメラでは 8 ビット，つまり $0, 1, \ldots, 255$ の 256 段階で輝度値を表現している．なお，輝度値を 1 ビット（0 または 1 の 2 段階）で表現した画像のことを二値画像とよぶ．

　量子化を行う際，$I(x, y)$ について上限を設けて上限を超える光の強度はすべて同じ値にする．そのため，上限を超える光の強度をもつ画素がすべて真っ白になってしまう現象（白飛び）が生じる．

　図 11.4 に量子化された画像データを示す．量子化のビット数を多くすればするほど，輝度値の細かい変化を表現できていることが確認できる．また，4 ビットの例では空の領域で疑似的な輪郭（アーティファクト）が生じていることが確認できる．

| 8 bit | 6 bit | 4 bit | 2 bit | 1 bit |

図 11.4 同じ画像をさまざまなビット数で量子化した例

11.2.4 カラー画像

　以上の説明はモノクロ画像の説明である．カラー画像の場合は光の強度の表現がモノクロ画像と異なる．次章で詳しい説明を行うが，一般的なカラー画像では，色を 3 つの値（赤色，緑色，青色）で表現し，この 3 色それぞれの値を 8 ビットで量子化している．つまり，画素 1 つあたり $8 \times 3 = 24$ ビットのデータ量となる．なお，透明度（アルファ値）を含めた 4 つの値で画像を表現する場合もある．

　このように標本化・量子化された画像データのことをデジタル画像とよぶ．

画像のデータサイズと圧縮 # Column

　最近（2024 年時点）のスマートフォンに搭載されているカメラは比較的安い機種でも約 1200 万画素（4200×2900）の画像を撮影できる．1 画素あたり 24 ビット（＝ 3 バイト）なので，4200×2900 画素の画像 1 枚のデータ量は本来は 36,540,000 バイト（36.54 メガバイト）となるはずであるが，実際にスマホ本体や SD カードに保存される画像ファイルのサイズはその 1/10 程度である．これは，画像ファイルで広く用いられる JPEG 形式では，人間の目では見分けがつかないような細かい情報を削除することでデータサイズを圧縮して保存しているためである．

　観賞用として画像を用いる場合は大きな問題は生じないが，画像処理を行う場合は元々画像中に存在していた情報の一部が失われていることに注意が必要である．特に，画像処理を行った結果を JPEG 形式でファイルに保存しそれを後々の処理で用いる場合などでは，JPEG 形式での圧縮により情報が失われ，後の処理結果に影響を与える可能性がある．

11.2.5 さまざまな画像

ここまでで紹介した画像は，一般的なカメラで得られる画像である．このような画像のほかにも，さまざまな機器で得られる画像がある．

▌X 線画像▐

X 線画像は，X 線を用いて撮影した画像であり，医療画像診断や生産現場での製品検査などに用いられる（図 11.5(a) 参照）．通常の画像が被写体表面で反射した光をカメラで観測したものであるのに対し，X 線画像は，照射した X 線が被写体を通過してきた光を観測したものである．被写体の材質によって X 線の透過率が異なり，その差が画像の濃淡情報として得られる．

▌深度画像▐

各画素に被写体の色情報ではなく，撮影装置から被写体までの距離を表す値を格納した画像を深度画像（距離画像）とよぶ（図 11.5(b) 参照）．自動運転車などで前方の車や障害物までの距離を計測する場合などに用いることができる．深度画像を得る手法としてさまざまなものがあり，装置から照射した光が被写体で反射して戻ってくるまでの時間を計測する手法 (ToF: Time of Flight) などがある．

▌マルチスペクトル画像▐

モノクロ画像が 1 チャンネル，カラー画像が赤・緑・青の 3 チャンネルのデータであったのに対し，マルチスペクトル画像は，複数の波長帯の光を観測した多チャンネル画像である．図 11.5(c) に気象衛星ひまわりで波長 $3.9\,\mu\mathrm{m}$ の光を観測した画像を示す．このように，紫外線や赤外線などの光を観測することができ，人間の目では見えない情報を得ることができる．たとえば，人工衛星に搭載された機器から得られるマルチスペクトル画像を用いて，地上の植生を認識したり，海面の水温を測定したりすることができる．

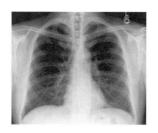  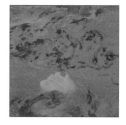

(a) X 線画像 　　　　　 (b) 深度画像 　　　　　 (c) マルチスペクトル画像[2]

図 11.5 さまざまな画像

11.3 画像の入出力

本節では，Python の画像処理ライブラリである OpenCV を使って画像の読み書きや表示，簡単な画像処理を行ってみよう．OpenCV[3]は画像処理・コンピュータビジョンのためのライブラリであり，画像の入出力から画像復元，物体検出までさまざまな機能を提供している．本書ではその一

---

[2] 「宇宙航空研究開発機構 (JAXA) の分野横断型プロダクト提供サービス (P-Tree) より提供を受けました．

[3] https://opencv.org

部を紹介する．本章以降のソースコードは Google Colaboratory[4]（以降 Google Colab）で実行することを想定しているが，自分のパソコンに Python と OpenCV をインストールして実行することも可能である．インストール方法については筆者の GitHub リポジトリ[5]を参照されたい．

まずは，ノートブックと同じフォルダに画像を用意する．次のソースコード 11.1 を実行すると筆者の GitHub リポジトリから画像をダウンロードできる．以降でもこの方法を用いて画像を Google Colab 上にダウンロードする．

ソースコード 11.1 画像のダウンロード

```
1  !wget -nc https://github.com/schwalbe1996/ds_media_intro/raw/main/sample.png
```

なお，Google Colab で自前の画像を使う場合は，「ファイル」「セッションストレージにアップロード」を選択して画像をアップロードすればよい（図 11.6）．

図 11.6 Google Colaboratory に画像をアップロード

画像の準備ができたところで，OpenCV の機能を使って画像を読み込んでみよう．OpenCV (cv2) と NumPy，表示用に Matplotlib をインポートし，**cv2.imread** 関数を使って画像を読み込む．

ソースコード 11.2 画像の読み込み

```
1  import cv2
2  import matplotlib.pyplot as plt
3  import numpy as np
4  image = cv2.imread('sample.png')
5  print(f'画像サイズ：{image.shape}')
```

> 画像サイズ：(240, 320, 3)

image は NumPy の 3 次元配列であり，解像度 320×240 の 3 チャンネル画像であることがわかる．

なお，モノクロ画像として読み込みたい場合は，**cv2.IMREAD_GRAYSCALE** を引数に指定する．この場合，元のファイルがカラー画像の場合でも読み込み時にモノクロ画像に変換される．

---

[4] https://colab.research.google.com/
[5] https://github.com/schwalbe1996/ds_media_intro

ソースコード 11.3   画像の読み込み（モノクロ指定）

```
1  gray = cv2.imread('sample.png', cv2.IMREAD_GRAYSCALE)
2  print(f'画像サイズ：{gray.shape}')
```

画像サイズ：(240, 320)

次に，matplotlib の imshow 関数を使って，画像を表示してみよう．なお，OpenCV ではカラー画像の 3 チャンネルを BGR（青・緑・赤）の順番で格納しているのに対し，matplotlib の imshow ではカラー画像を RGB の順番で格納していることを前提としていることに注意する必要がある．そのため，cv2.cvtColor 関数を使って BGR の順から RGB の順へと変換してから表示する．

ソースコード 11.4   matplotlib で画像表示

```
1  plt.imshow(cv2.cvtColor(image, cv2.COLOR_BGR2RGB))
2  plt.show()
```

また，モノクロ画像の場合，matplotlib の imshow では特に指定がなければ白黒表示ではなく疑似カラー表示される．これを回避するためには，imshow 関数の引数に cmap='gray' を指定すればよい．表示される画像を図 11.7 に示す．

ソースコード 11.5   matplotlib でモノクロ画像表示

```
1  plt.imshow(gray, cmap='gray')
2  plt.colorbar() # 横に目盛りを表示したい場合
3  plt.show()
```

図 11.7   画像の表示

コンピュータで画像を扱う場合，xy 座標の原点と向きに注意する必要がある．一般的な画像では，原点は画像の左上，x 軸は右方向，y 軸は下方向である．また，cv2.imread で読み込んだ場合，その戻り値の変数 image は 3 次元配列となり image[y,x,c] は座標 (x, y) にある画素の c チャンネルの輝度値を表す．

試しに，変数 image の内容を表示してみよう．

ソースコード 11.6   画像データの中身を表示する

```
1  print(image)
```

```
[[[177 154 139]
[178 155 140]
[179 156 141]
...
[163 141 125]
[164 142 124]
[164 141 126]]
...
```

最初の [177, 154, 139] は，画像の左上の画素の BGR 値を表している．その次の，[178, 155, 141] は，画像の左から 2 番目の画素の BGR 値である．このように，各画素には BGR の 3 つの値が割り当てられており，各値の範囲は 0〜255 の整数である．

では，簡単な画像処理を行ってみよう．次のコードは，画像の上下反転（1 行目），左右反転（2 行目），画像の一部の切り取り（3 行目），画像の領域を指定して黒く塗りつぶす処理（4, 5 行目）である．生成した画像をファイルに保存する場合，`cv2.imwrite` 関数を使う．

ソースコード **11.7** 画像処理の例

```
1  image_vflip = cv2.flip(image, 0) # 上下反転. = image[::-1]としてもよい
2  image_hflip = cv2.flip(image, 1) # 左右反転. = image[:,::-1]としてもよい
3  image_clip = image[130:200,150:250].copy()
4  image_mask = image.copy()
5  image_mask[130:200,150:250] = 0
6
7  for img in [image_vflip, image_hflip, image_clip, image_mask]:
8      plt.imshow(cv2.cvtColor(img, cv2.COLOR_BGR2RGB))
9      plt.show()
10
11 cv2.imwrite('image_clip.png', image_clip) # image_clip.pngというファイル名で保存
```

最後に画像を「セピア調」に変換してみよう．カラー画像をセピア調に変換するには，画像の各画素の値を次のように変換すればよい[6]．

$$\hat{R} = 0.393R + 0.769G + 0.189B \tag{11.1}$$

$$\hat{G} = 0.349R + 0.686G + 0.168B \tag{11.2}$$

$$\hat{B} = 0.272R + 0.534G + 0.131B \tag{11.3}$$

これを実現するコードを以下に示す．B, G, R 各チャンネルの画像は，`image[:,:,0]`，`image[:,:,1]`，`image[:,:,2]` で取得できる（1〜3 行目）．変換後の R, G, B 各チャンネルの画像は `cv2.merge` 関数で結合する（7 行目）．先に述べたように画像の各画素は 0〜255 の整数であるため，255 を超える値は 255 にし（8 行目），さらに（8 ビットの）整数に変換する（9 行目）．

ソースコード **11.8** セピア調に変換する

```
1  B = image[:,:,0]
2  G = image[:,:,1]
3  R = image[:,:,2]
4  newR = 0.393*R + 0.769*G + 0.189*B
5  newG = 0.349*R + 0.686*G + 0.189*B
```

---

[6] 参考：`https://www.w3.org/TR/filter-effects-1/\#sepiaEquivalent`

```
6  newB = 0.272*R + 0.534*G + 0.131*B
7  sepia = cv2.merge((newB,newG,newR))
8  sepia[sepia > 255] = 255 # 255を超える値を 255にする
9  sepia = sepia.astype(np.uint8) # 0～255の 8ビット整数型（np.uint8）に変換
10
11 plt.imshow(cv2.cvtColor(sepia,cv2.COLOR_BGR2RGB))
12 plt.show()
```

章 末 問 題

11-1   図 11.8 の画像[7]から，一時停止の標識を切り取って画像ファイルに保存するプログラムを作成せよ．画像中の標識の位置は目視で決めてよい（これを自動化する方法は第 14 章で解説する）．

図 11.8   市街地の画像

11-2   自分で撮影したカラー画像に対して，解像度を $1/2, 1/4, 1/8$ にしたときの画像を作成せよ．なお，画像の解像度を変更するには，`cv2.resize` 関数を使ってよい．

ソースコード 11.9   画像の解像度を変更する

```
1  print(f'元画像のサイズ{image.shape}')
2  height, width = image.shape
3  resized_image = cv2.resize(image, (width//2, height//2), interpolation=cv2.INTER_NEAREST)
4  print(f'リサイズ後のサイズ{resized_image.shape}')
```

```
元画像のサイズ (240, 320)
リサイズ後のサイズ (120, 160)
```

11-3   自分で撮影したカラー画像に対して，量子化を 6 ビット（64 段階），4 ビット (16 段階)，2 ビット (4 段階) にしたときの画像を作成せよ．
   ヒント：画像の各画素の値を，2^{8-n} で割った商を 2^{8-n} で掛けた値にすることで，量子化を実現できる．ここで n は量子化のビット数である．

---

[7] 画像は `https://github.com/schwalbe1996/ds_media_intro/raw/main/roadscene.png` よりダウンロードできる．

## 第 12 章

画像の基本的な処理

┌─ **本章の目標** ─────────────────────────────┐
- デジタルでの色の表現方法について知る.
- 基本的な画像処理（画像の二値化，画像の変形）について知る.
└──┘

12.1　色の表現

　人間の耳に可聴域（約 20〜20000 Hz）があるように，人間の目にも感じとることのできる光の波長の範囲（約 360〜830 nm）があり，光の波長の違いが色の違いとして感じられる．第 11 章で，カラー画像は RGB の 3 つのチャンネルで表現されることを説明した．赤・緑・青の 3 つの異なる波長の光を重ね合わせても，ほかの色（たとえば黄色）の波長の光を生成することは物理的に不可能であるが，3 つの光を重ね合わせることで，さまざまな色を人間に知覚させることはできる．

　これは，人間が色を感じる仕組みに由来している．人間の目には色を感じる 3 種類の細胞（錐体）があり，各錐体ごとに反応する波長の範囲が異なる．人間はこの 3 つの錐体から得られる信号を組み合わせて色を知覚しており，光の波長を正確に計測しているわけではない．そのため，赤・緑・青のような 3 つの異なる波長の光を重ね合わせたものと，黄色の波長の光とを区別することができない．

　このような知覚の特徴を踏まえた色の表現方法にはさまざまなものがあるが，ここではその中でも代表的な色の表現方法について説明する．

▌マンセル表色系▐

　色を表現する方法として，マンセルによって考案されたマンセル表色系がある．これは主にデザインの現場でよく用いられている色の表現方法である．マンセル表色系では，色を色相，明度，彩度の 3 つの軸で表現する．

　色相は赤み・青み・黄みのような色合いを表すものであり，赤，黄，緑，青，紫の 5 色を基本として，その間に黄赤，黄緑，青緑，青紫，赤紫を加えた 10 色を主要な色相としている．これを円形に配置したものが色相環である．ある色に対して色相環上で正反対に位置する色のことを補色とよぶ．明度は色の明るさを表すものであり，0（黒）から 10（白）までの値をとる．彩度は色の鮮やかさを表すものであり，0 から 10〜14（色相によって最大値が異なる）までの値をとる．

RGB 表色系

国際照明委員会 (CIE) が定めた CIE RGB 表色系では，赤原色（波長 700 nm），緑原色（波長 546.1 nm），青原色（波長 435.8 nm）の光の重み付き和によって色を表現する．これにより 3 つの変数を用いて定量的に色を表現することができる．

$$色 = R \times 赤原色 + G \times 緑原色 + B \times 青原色 \tag{12.1}$$

ここで，R, G, B は各原色の重みであり，たとえば $R = 1, G = 0, B = 0$ の場合は赤色になる．波長 λ の色に対して，この色だと人間が知覚するような重み $R(\lambda), G(\lambda), B(\lambda)$ を決める関数を等色関数とよぶ．

XYZ 表色系

RGB 表色系の欠点として，人間が知覚できる一部の色について式 (12.1) の R, G, B の値が負になってしまうことが挙げられる．これを解決するために，CIE によって XYZ 表色系が提案されている．XYZ 表色系では R, G, B の代わりに X, Y, Z の 3 つの値で色を表現する．R, G, B から X, Y, Z への変換は次式で表される．

$$\begin{pmatrix} X \\ Y \\ Z \end{pmatrix} = \begin{pmatrix} 2.7689 & 1.7518 & 1.1302 \\ 1.0000 & 4.5907 & 0.0601 \\ 0.0000 & 0.0565 & 5.5943 \end{pmatrix} \begin{pmatrix} R \\ G \\ B \end{pmatrix} \tag{12.2}$$

$L^*a^*b^*$ 表色系

XYZ 表色系では色を 3 次元のパラメータで表現しているが，心理的な色の近さと (X, Y, Z) の 3 次元空間での距離とが一致しない．たとえば，3 つの色 a, b, c があり，a と b より a と c の方が色が似ていると感じられるとして，XYZ 空間での a と b との距離は a と c との距離よりも長くなることが望ましいが，XYZ 表色系では必ずしもそうはならない．そのため，似た色合いの画像を検索する処理などを実現する際に，XYZ 表色系では色の違いを定量的に表現することが難しい．そこで，色の差を定量的に表現できる表色系として，L^* で明度を，a^* で赤から緑の間の色を（a^* が大きいほど赤），b^* で青から黄の間の色を（b^* が大きいほど黄色）表現する CIE $L^*a^*b^*$ 表色系が提案された．

$$L^* = 116 \times \left(\frac{Y}{Y_0} \right)^{1/3} - 16$$

$$a^* = 500 \times \left(\left(\frac{X}{X_0} \right)^{1/3} - \left(\frac{Y}{Y_0} \right)^{1/3} \right)$$

$$b^* = 200 \times \left(\left(\frac{Y}{Y_0} \right)^{1/3} - \left(\frac{Z}{Z_0} \right)^{1/3} \right)$$

ここで，(X_0, Y_0, Z_0) は白色を表す (X, Y, Z) の値（白色点）である．

デジタル画像における RGB 値

第 11 章でも述べたようにデジタルカメラで撮影されたカラー画像の各画素には RGB の 3 つ値が保存されている．しかし，この RGB の値はカメラの機器特性によって異なり CIE RGB 表色系とは一致しないことに注意する必要がある．多くの画像処理アルゴリズムは CIE RGB 表色系との違いを考慮しておらず，本書でも画像ファイルの RGB 値をそのまま CIE RGB 表色系の値とみなし

て用いる．なお，より正確な色情報が必要な場合は事前に機器から得られる RGB 値を CIR RGB の値に変換する校正作業（カラーキャリブレーション）を行っておく必要がある．

HSV 色空間

RGB の値から，次式を用いて色相 H，彩度 S，明度 V に変換したものを HSV 色空間とよぶ．ここで R, G, B は 0 から 255 の範囲をとるものとする．

$$V = \max(R, G, B) \tag{12.3}$$

$$S = 255 \times \frac{V - \min(R, G, B)}{V} \tag{12.4}$$

$$H = \begin{cases} 60 \times \dfrac{B - G}{V - \min(R, G, B)} & (R \text{ が最大のとき}) \\[2ex] 60 \times \dfrac{R - B}{V - \min(R, G, B)} + 120 & (G \text{ が最大のとき}) \\[2ex] 60 \times \dfrac{G - R}{V - \min(R, G, B)} + 240 & (B \text{ が最大のとき}) \end{cases} \tag{12.5}$$

色相 H の値域は $0°$ から $360°$，彩度 S，明度 V の値域は 0 から 255 である．ここで，色相 H は角度で与えられるため，色の違いを計算する場合は扱いに注意する必要がある．たとえば色相 $0°$（赤）と色相 $300°$（マゼンタ）との色相の違いは $300°$ ではなく，$60°$ である．

被写体で生じる影の影響は明度に多く反映され，彩度や色相への影響は少ない．そのため，光源の影響を受けにくい画像処理を行いたい場合は RGB 値をそのまま用いるのではなく，HSV 色空間に変換してから処理を行うとよい．

応用：クロマキー合成

ここまで説明した色空間を用いて，テレビ番組などでよく用いられるクロマキー合成を実現してみよう．クロマキー合成とは，画像から特定の色の成分を背景色として検出し，そこに別の画像を合成する技術であり，青や緑が背景色としてよく用いられている．

例として，図 12.1(a) の画像[1] から，青色の背景部分を抽出して，図 12.1(b) の背景マスク画像を作成し，前章の 11.3 節で用いた画像の上に合成して図 12.1(c) のような画像を合成する方法を説明する．

まず，図 12.1(a) の青い背景部分を検出する．青の RGB 色空間上での値は ($R = 0, G = 0, B =$

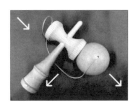

(a) 前景画像 (b) マスク画像 (c) 合成画像

図 12.1 クロマキー合成

---

[1] 画像は `https://github.com/schwalbe1996/ds_media_intro/raw/main/foreground.png` よりダウンロードできる．

255) であるが実際は照明や影の影響によりこの値は変化する．実際，図 12.1(a) 上に矢印で示した
3 つの場所での RGB の値はそれぞれ $(30, 90, 237), (1, 19, 104), (3, 46, 161)$ である．

そこで，これを HSV 色空間に変換し，色相 H，彩度 S，明度 V の要素に分解してみよう．これ
は `cv2.cvtColor` 関数を用いて実現できる．その結果を図 12.2 に示す．影の有無にかかわらず，背
景に相当する領域がほぼ同じ色相となっていることが確認できる．

ソースコード **12.1** HSV 色空間に変換

```
1  import cv2
2  import matplotlib.pyplot as plt
3  import numpy as np
4  image = cv2.imread('foreground.png') # 前景画像の読み込み
5
6  HSV_image = cv2.cvtColor(image, cv2.COLOR_BGR2HSV) # HSV空間への変換
7  H = HSV_image[:,:,0] # 色相 (H)の抽出
8  S = HSV_image[:,:,1] # 彩度 (S)の抽出
9  V = HSV_image[:,:,2] # 明度 (V)の抽出
10
11 plt.figure(figsize=(15,3))
12 plt.subplot(1, 3, 1)
13 plt.imshow(H, cmap='gray')
14 plt.colorbar()
15 plt.subplot(1, 3, 2)
16 plt.imshow(S, cmap='gray')
17 plt.colorbar()
18 plt.subplot(1, 3, 3)
19 plt.imshow(V, cmap='gray')
20 plt.colorbar()
21 plt.show()
```

  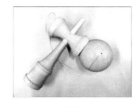

(a) 色相 (H)　　　　　　　(b) 彩度 (S)　　　　　　　(c) 明度 (V)

図 **12.2**　色相・彩度・明度画像

変換して得られた色相 H の画像から，青色 $(H = 120 \pm 10)^{2)}$ の範囲にある領域 (`H_mask`) を，彩
度 S の画像から，彩度が 100 以上の領域 (`S_mask`) を抽出し，その共通部分を背景として検出する．
最後に，背景に別の背景画像を合成する．具体的には以下のコードで実現できる．

ソースコード **12.2**　クロマキー合成

```
1  background = cv2.imread('sample.png') # 背景画像の読み込み
2
3  H_mask = cv2.inRange(H, 100, 140) # 青色の範囲 (100~140)を抽出
4  S_mask = cv2.inRange(S, 100, 255) # 彩度の範囲 (100~255)を抽出
5  mask = H_mask * S_mask # 青色の範囲と彩度の範囲の共通部分を抽出
```

---

2) `cv2.cvtColor` 関数で `cv2.COLOR_BGR2HSV` を指定すると色相の出力が $0 \sim 360°$ ではなく，色相を $1/2$ にした $0 \sim$
180 の値を出力する．H の値 120 はちょうど $240°$ に相当する．

```
 6  plt.imshow(mask, cmap='gray')
 7  plt.show()
 8
 9  # 前景画像の青色部分を背景画像に合成
10  output = image.copy()
11  output[mask!=0] = background[mask!=0]
12
13  plt.imshow(cv2.cvtColor(output, cv2.COLOR_BGR2RGB))
14  plt.show()
```

12.2　画像の二値化

図 12.3(a) のモノクロ画像[3]に対して，文字や枠線の領域だけを抜き出すことを考えよう．黒い部分 = 輝度値が小さいため，ある適当な閾値 t を決めて，輝度値が t 未満の部分を黒，t 以上の部分を白として抜き出せばよさそうである．

ソースコード 12.3　画像の二値化 (1) 単純閾値法

```
 1  image = cv2.imread('sudoku.png', cv2.IMREAD_GRAYSCALE)
 2
 3  # 単純閾値処理
 4  t = 50
 5  # opencvの関数を使う場合
 6  ret, result = cv2.threshold(image, t, 255, cv2.THRESH_BINARY)
 7  # opencvを使わない場合
 8  result = (image > t) * 255
 9
10  plt.imshow(result, cmap='gray')
11  plt.show()
```

このように画像を黒 (0) と白（1 もしくは 255）の 2 値に分類する処理のことを画像の二値化とよぶ．たとえば，QR コードやナンバープレートのように白黒の 2 色で構成されている画像を読み

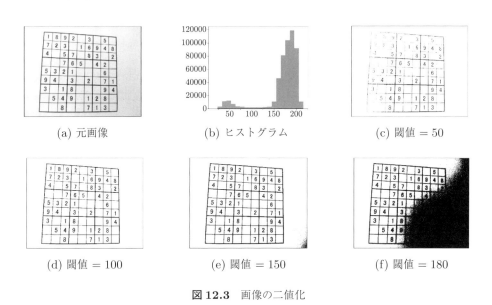

(a) 元画像　　　　　　　(b) ヒストグラム　　　　　(c) 閾値 = 50

(d) 閾値 = 100　　　　　(e) 閾値 = 150　　　　　(f) 閾値 = 180

図 12.3　画像の二値化

---

[3] 画像は `https://github.com/schwalbe1996/ds_media_intro/raw/main/sudoku.png` よりダウンロードできる．

取る際に用いられる．二値化の方法にはさまざまなものがあるが，最も単純な方法は，上で述べたように適切な閾値 t を決めてしまう方法である．これを単純閾値法とよぶ．さまざまな閾値に対して二値化を行った結果を図 12.3(c)–(f) に示す．閾値が小さすぎると本来黒い部分を取り逃してしまい，閾値が大きすぎると逆に本来白い部分を黒い部分として誤認識してしまう．

■ 大津の方法 ■

自動的に適切な閾値を決める方法として，大津の方法がある．大津の方法を説明するために，さきほどの画像の輝度値のヒストグラム（図 12.3(b)）を計算してみよう．

ソースコード **12.4** 輝度値のヒストグラム

```
1  # 画像 (image) は 2 次元配列なので, flatten() を用いて 1 次元配列に整形してからヒストグラムを作成する
2  _ = plt.hist(image.flatten(), bins=20)
3  plt.show()
```

背景色（白）を表す大きい山と文字色（黒）を表す小さい山の 2 つの山が見られる．直観的にはこの 2 つの山の間の谷間，輝度値 100 から 125 あたりを閾値にすればよさそうである．閾値を t として二値化を行い，閾値 t 以下の画素を黒クラス，t 以上の画素を白クラスと分類しよう．

黒クラスの画素数を $n_0(t)$，白クラスの画素数を $n_1(t)$ とし，黒クラスに属する画素の輝度値の平均と分散を $\mu_0(t)$, $\sigma_0{}^2(t)$，白クラスに属する画素の輝度値の平均と分散を $\mu_1(t)$, $\sigma_1{}^2(t)$ とする．

このとき，2 つのクラスでの分散の重み付き平均，

$$\sigma_w{}^2(t) = \frac{n_0(t)\sigma_0{}^2(t) + n_1(t)\sigma_1{}^2(t)}{n_0(t) + n_1(t)} \tag{12.6}$$

をクラス内分散とよび，また，2 つのクラスの平均値と画像全体の輝度値の平均との差の 2 乗の重み付き平均，

$$\sigma_b{}^2(t) = \frac{n_0(t)(\mu_0 - \mu)^2 + n_1(t)(\mu_1 - \mu)^2}{n_0(t) + n_1(t)} \tag{12.7}$$

をクラス間分散とよぶ．ここで μ は画像全体の輝度値の平均である．

閾値 t によって画素を 2 つのクラスに分類する際，1 つのクラスに含まれる画素の輝度値のばらつきはできるだけ小さい方がよい．また，黒クラスに含まれる画素の輝度値と白クラスに含まれる画素の輝度値はできるだけ離れている方がよい．すなわち，クラス内分散 $\sigma_w{}^2(t)$ はできるだけ小さく，またクラス間分散 $\sigma_b{}^2(t)$ はできるだけ大きい方がよい．大津の方法では，分離度 $S(t)$ をクラス内分散とクラス間分散の比で定義し，分離度が最大となるような閾値 t を用いて二値化を行う．

$$S(t) = \frac{\sigma_b{}^2(t)}{\sigma_w{}^2(t)} \tag{12.8}$$

OpenCV の `cv2.threshold` 関数によって大津の方法による二値化を行うサンプルコードを示す．

ソースコード **12.5** 画像の二値化 (2) 大津の方法

```
1  # 閾値を 0, cv2.THRESH_BINARY の代わりに cv2.THRESH_BINARY+cv2.THRESH_OTSU を指定する
2  ret, result = cv2.threshold(image, 0, 255, cv2.THRESH_BINARY+cv2.THRESH_OTSU)
3  print (ret) # 大津の方法で決定された閾値
4
5  plt.imshow(result, cmap='gray')
6  plt.show()
```

適応的閾値処理

大津の方法は画像全体に対して単一の閾値を用いて二値化を行うが，影が映り込んだ画像など単一の閾値では二値化が困難な場合がある．適応的閾値処理は，画像に対して単一の閾値を用いるのではなく，画素ごとに異なる閾値を自動的に決定して二値化を行う手法である．

位置 (x, y) にある画素の輝度値 $I(x, y)$ について，(x, y) を中心とした $B \times B$ のサイズの領域を考え，その領域内の輝度値の平均 $\bar{I}(x, y)$ を計算する．適応的閾値処理では $\bar{I}(x, y)$ に画像全体に対して単一のオフセット C を引いた $\bar{I}(x, y) - C$ を (x, y) における閾値 t として用いる．(x, y) の近傍を用いて閾値を決めることにより，画像の局所的な明暗を利用して閾値処理を行うため，影が映り込んだ画像のように場所ごとに明暗が異なるような画像に対しても有効な方法である．

OpenCV の `adaptiveThreshold` 関数を用いて適応的閾値処理を行うサンプルコードを示す．

ソースコード **12.6** 画像の二値化 (3) 適応的閾値処理

```
1  # B=25, C=10の場合
2  result = cv2.adaptiveThreshold(image, 255, cv2.ADAPTIVE_THRESH_MEAN_C, cv2.THRESH_BINARY,
        25, 10)
3
4  plt.imshow(result, cmap='gray')
5  plt.show()
```

12.3　画像の変形

次に拡大・縮小，回転といった画像の変形について説明しよう．画像の変形は，変形前の画像の座標 (x, y) を変形後の画像の座標 (x', y') に変換することで行う．本節では，画像の変形を行列を用いて表現するために，2 次元平面上の点を $(x, y, 1)$ のように x, y 座標に加えて新たに 3 つ目の座標値として 1 を加えた 3 次元ベクトルとして表記する．

画像の拡大・縮小

画像を x 軸 y 軸方向にともに s 倍する場合（図 12.4(b) 参照），次式で表現できる．

$$\begin{pmatrix} x' \\ y' \\ 1 \end{pmatrix} = \begin{pmatrix} s & 0 & 0 \\ 0 & s & 0 \\ 0 & 0 & 1 \end{pmatrix} \begin{pmatrix} x \\ y \\ 1 \end{pmatrix} \tag{12.9}$$

並進

画像の並進は，x 軸方向に t_x，y 軸方向に t_y 移動させる場合（図 12.4(c) 参照），次式で表現できる．

$$\begin{pmatrix} x' \\ y' \\ 1 \end{pmatrix} = \begin{pmatrix} 1 & 0 & t_x \\ 0 & 1 & t_y \\ 0 & 0 & 1 \end{pmatrix} \begin{pmatrix} x \\ y \\ 1 \end{pmatrix} \tag{12.10}$$

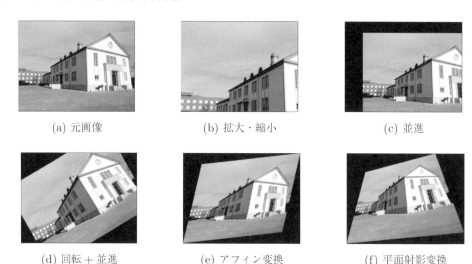

(a) 元画像   (b) 拡大・縮小   (c) 並進

(d) 回転 + 並進   (e) アフィン変換   (f) 平面射影変換

図 12.4   さまざまな画像の変形

回転

　画像を原点（画像の左上）を中心に時計回りに角度 θ だけ回転させる場合（図 12.4(d) 参照），次式で表現できる．

$$\begin{pmatrix} x' \\ y' \\ 1 \end{pmatrix} = \begin{pmatrix} \cos\theta & -\sin\theta & 0 \\ \sin\theta & \cos\theta & 0 \\ 0 & 0 & 1 \end{pmatrix} \begin{pmatrix} x \\ y \\ 1 \end{pmatrix} \tag{12.11}$$

数学などでは一般的に x 軸を右向き y 軸を上向きにとるため，上の式 (12.11) は反時計回りに角度 θ だけ回転させる操作にみえるが，画像の座標系は左上を原点にとり x 軸方向が右向き y 軸方向が下向きであるため，式 (12.11) は時計回りに角度 θ だけ回転する操作になる．

　なお，原点以外の点 (c_x, c_y) を中心に回転させる操作は，式 (12.10) を用いて $(-c_x, -c_y)$ だけ並進させた後に原点を中心に回転させ，その後 (c_x, c_y) だけ並進させることで実現できる．回転と並進を組み合わせた変換を剛体変換とよぶ．剛体変換では変換前後で向きと位置が変わるのみで，画像の形状は変わらない．

　画像の並進，回転，拡大・縮小を組み合わせた変換のことを相似変換とよぶ．相似変換も以下のような 3 × 3 行列で表される．

$$\begin{pmatrix} a & -b & s \\ b & a & t \\ 0 & 0 & 1 \end{pmatrix} \tag{12.12}$$

相似変換では変換前後の形状は相似である．つまり，線分を変換したとき線分の長さは異なるが，2 つの直線がなす角度は変換前後で変わらない．

アフィン変換

次式で表される変換をアフィン変換とよぶ.

$$\begin{pmatrix} x' \\ y' \\ 1 \end{pmatrix} = \begin{pmatrix} m_{11} & m_{12} & m_{13} \\ m_{21} & m_{22} & m_{23} \\ 0 & 0 & 1 \end{pmatrix} \begin{pmatrix} x \\ y \\ 1 \end{pmatrix} \tag{12.13}$$

アフィン変換では, 変換前後での形状の相似性は失われるが, 変換前で平行な直線は変換後も平行のままとなる (図 12.4(e) 参照).

平面射影変換

次式で表される変換は平面射影変換もしくはホモグラフィとよばれる.

$$\begin{pmatrix} x' \\ y' \\ 1 \end{pmatrix} = \frac{1}{s} \begin{pmatrix} m_{11} & m_{12} & m_{13} \\ m_{21} & m_{22} & m_{23} \\ m_{31} & m_{32} & m_{33} \end{pmatrix} \begin{pmatrix} x \\ y \\ 1 \end{pmatrix} \tag{12.14}$$

ここで $s = m_{31}x + m_{32}y + m_{33}$ である.

平面射影変換では, 直線を変換したとき変換後も直線であることが保証されるが, アフィン変換のように直線の平行性は保たれない (図 12.4(f) 参照). 平面射影変換は, 画像の貼り合わせ処理やプロジェクタの歪み補正などに用いられる.

以下のコードを実行して画像の回転・拡大と平面射影変換を行ってみよう. いずれも 3×3 の変換行列を求めて, その後その行列を用いて画像を変換するという手順で行う. `cv2.getRotationMatrix2D` 関数を用いて回転・拡大を表す行列を得ることができ, `cv2.warpAffine` 関数によって画像の変形を行う.

平面射影変換の場合は, 変換元の画像上の同一直線上にない 4 つの座標と, それに対応する変換後の画像上の 4 つの座標を指定して (ソースコード中の srcP と dstP), `cv2.getPerspectiveTransform` 関数を用いて平面射影変換を行う行列を得る. その後, `cv2.warpPerspective` 関数によって画像の変形を行う.

ソースコード **12.7** 画像変形 (回転・平面射影変換)

```
1  image = cv2.imread('sample.png')
2  height, width, _ = image.shape
3
4  # 回転の例
5  # 画像の中心を中心に30° 回転, 拡大率 1.0の例
6  mat = cv2.getRotationMatrix2D((width//2,height//2), 30, 1.0)
7  dst = cv2.warpAffine(image, mat, (width,height))
8  print(mat)
9
10 plt.imshow(cv2.cvtColor(dst, cv2.COLOR_BGR2RGB))
11 plt.show()
12
13 # 平面射影変換の例
14 """
15 - (0,0) --> (50, 50)
16 - 画像の左下 --> そのまま
```

```
17  - 画像の右上 --> 画像の右上から 80 画素分だけ左
18  - 画像の右下 --> 画像の右下から 30 画素分だけ上
19  """
20  srcP = np.array([[0,0], [0,height], [width,0], [width,height]], dtype=np.float32)
21  dstP = np.array([[50,50], [0,height], [width-80,0], [width,height-30]], dtype=np.float32)
22
23  mat = cv2.getPerspectiveTransform(srcP, dstP)
24  dst = cv2.warpPerspective(image, mat, (width, height))
25
26  plt.imshow(cv2.cvtColor(dst, cv2.COLOR_BGR2RGB))
27  plt.show()
```

■ 応用：QR コードの補正 ■

図 12.5(a) は QR コードをカメラで撮影したもの[4]である．QR コードの読み取り精度を高めるために，図 12.5(a) を図 12.5(b) のような形に補正したい．

(a) QR コード　　　　　(b) 補正結果

図 **12.5**　QR コードの補正

この QR コードの例に限らず，被写体をカメラで撮影したときに，画像上での見た目が元の形から変形してしまうことがある．被写体が単一平面上に存在する場合は，このような変形は式 (12.14) の平面射影変換で表現できることが知られている．平面射影変換のパラメータの数は 8 個であるため，変換前の点 (x, y) と変換後の点 (x', y') との対応が 4 点以上存在すれば，これら 8 つのパラメータを求めることができる．

そこで，QR コードの 4 隅の座標を調べて，平面射影変換の行列を求めてみよう．図 12.5(a) の画像では，QR コードの 4 隅の座標は $(1010, 608), (1934, 991), (804, 1497), (1564, 1985)$ である（これらの座標を画像処理で自動検出することも可能であるが[5]今は手動で見つけることにしよう．多少誤差があっても構わない）．対応する補正後の 4 隅の座標を $(0, 0), (500, 0), (0, 500), (500, 500)$ として，平面射影変換の行列を求める．

QR コードの補正を行うコードを以下に示す．

ソースコード **12.8**　QR コードの補正

```
1  # QRコードの4角を使って平面射影変換する.
2  image = cv2.imread('qr.png', cv2.IMREAD_GRAYSCALE)
3  plt.imshow(image, cmap='gray')
```

---

[4] 画像は https://github.com/schwalbe1996/ds_media_intro/raw/main/qr.png よりダウンロードできる．

[5] QR コード読み取り装置では右上・左上・左下の大きな四角の領域（ファインダパターン）と右下の小さな四角（アライメントパターン）を検出して補正を行っている．

```
 4 plt.show()
 5
 6 # QRコードの四隅の座標 (srcP)⇒正方形の四隅の座標 (dstP)への変換を行う平面射影行列を計算
 7 srcP = np.array([[608,1010],[991,1934],[1497,804],[1985,1564]], dtype=np.float32)
 8 dstP = np.array([[0,0],[0,500],[500,0],[500,500]], dtype=np.float32)
 9
10 mat = cv2.getPerspectiveTransform(srcP, dstP)
11
12 # 平面射影行列を用いて画像を変形
13 dst = cv2.warpPerspective(image, mat, (500,500))
14 plt.imshow(dst, cmap='gray')
15 plt.show()
```

章 末 問 題

12-1 ソースコード 12.2 で実現したクロマキー合成を HSV 色空間でなく，RGB 色空間で実現してみよう．HSV 色空間の場合と比較して結果がどのように変わるか考察せよ．余力があれば，自分で撮影した画像に対してクロマキー合成を行ってみよう．

12-2 ソースコード 12.8 で用いた QR コードの画像を二値化せよ．

12-3 ソースコード 12.8 を参考に，図 12.6(a) の画像[6]を平面射影変換を用いて図 12.6(b) のように（映画『スター・ウォーズ』シリーズのオープニング風に）変形せよ．

ヒント：元画像（幅 W，高さ H）の 4 隅の座標を，$(W/4, H/8), (-W/4, H), (3W/4, H/8), (5W/4, H)$ に対応させればよい．変換後の画像のサイズは (W, H) とする．

(a) 入力画像　　　　　　　　　(b) 補正結果

図 12.6

---

[6] https://github.com/schwalbe1996/multimedia_intro/raw/main/title.png

第 *13* 章

画像のフィルタ処理

── 本章の目標 ──

- 画像のフィルタ処理について理解する.
- 画像の畳み込みと周波数領域での処理との関係について理解する.

　図 13.1(a), (b) に示す 2 枚の画像を見てみよう. 画像 (a) には画像にノイズが生じておりまた画像 (b) は画像がぼやけてしまっている. このような画像を画像 (c) のように綺麗にする方法はないだろうか. 本章ではフィルタとよばれる処理によって劣化した画像を修復したり, 画像から物体の境界線のような特徴を抽出する処理について説明する.

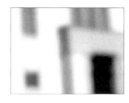

(a) ノイズのある画像　　　　　(b) ぼけた画像　　　　　(c) 劣化のない画像

図 **13.1**　劣化した画像

13.1　平滑化

　まずは準備のため, 画像を 1 枚読み込んでノイズを加えてみよう.

ソースコード **13.1**　画像の準備

```
1  import cv2
2  import matplotlib.pyplot as plt
3  import numpy as np
4
5  image = cv2.imread('sample.png', cv2.IMREAD_GRAYSCALE)
6
7  # 平均 0, 分散 15 のガウス分布に従うノイズを用意する.
```

```
 8  sigma = 15
 9  noise = np.random.normal(0, sigma, image.shape)
10
11  src = image + noise
12  # ノイズを加えた後の輝度値が 0〜255の範囲に収まるように調整
13  src[src > 255] = 255
14  src[src < 0] = 0
15  src = src.astype(np.uint8)
16
17  plt.figure(figsize=(15,3))
18  plt.subplot(1, 3, 1)
19  plt.imshow(image, cmap='gray')
20  plt.subplot(1, 3, 2)
21  plt.imshow(noise, cmap='gray')
22  plt.colorbar()
23  plt.subplot(1, 3, 3)
24  plt.imshow(src, cmap='gray')
25  plt.show()
```

本章の最初の目標はこのノイズを含む劣化画像から，できるだけノイズを取り除いた画像を生成することである．ノイズの値（ソースコード中の noise）を知ることはできないので，劣化画像（ソースコード中の src）からノイズを完全に取り除くことは不可能である．そのため，画像に対して何らかの仮定をおいて処理を行うことになる．

▌移動平均と平滑化▐

画像のノイズ除去の詳細に入る前に，まずは簡単のために系列データに対する移動平均について考えよう．今，系列データ [3,5,8,1,3,5,4,2,3,5] が与えられたとしよう．このような系列データの処理方法として移動平均があり，たとえば，4 番目の値「1」の区間数 3 の移動平均は，「1」の前後の値を含めた 3 つの値の平均 $(8+1+3)/3 = 4$ として計算できる．

図 13.2 に以下のコードを使ってもっと長い系列長のデータに対する区間数 5 の移動平均を計算した結果を示す．実線は $\sin(x)$ にノイズを加えたものであり，点線はその移動平均を計算したものである．このように，移動平均によって値の変動を滑らかにすることができ，また，区間数を大きくすればデータの変動がより滑らかになる．

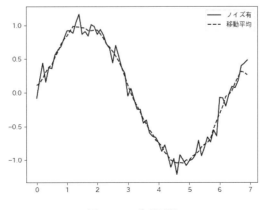

図 13.2 移動平均

ソースコード **13.2**　移動平均の計算と表示

```python
 1  x = np.arange(0, 7, 0.1)
 2  y = np.sin(x)
 3
 4  sigma = 0.1
 5  noise = np.random.normal(0, sigma, y.shape)
 6
 7  y2 = y + noise
 8
 9  mean = np.convolve(y2, np.ones(5)/5, mode='same')
10
11  plt.plot(x, y2, linestyle='solid', label='noisy')
12  plt.plot(x, mean, linestyle='dashed', label='mean')
13  plt.legend()
14  plt.show()
```

　画像についてはどうであろうか．図 13.3(a) と (b) の画像上の白線に沿った領域の輝度値を折れ線グラフで表示したものを図 13.3(c) に示す．図 13.3(c) の実線がノイズのない画像の輝度値の変化を表し，点線がノイズのある画像の輝度値の変化を表している．ノイズのない画像に比べ，ノイズのある画像では輝度値の変動が大きいことが確認できる．画像に対しても 1 次元の系列データと同様の計算をすれば画像上に生じたノイズを軽減できそうである．

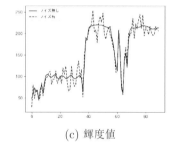

(a) 劣化のない画像　　　　　(b) ノイズのある画像　　　　　(c) 輝度値

図 13.3　輝度値の変化

　画像データは 2 次元のデータであるため，平均を計算する区間も上下左右を含めた 2 次元の区間となる．たとえば図 13.4 の例の場合，$(4, 4)$ の位置にある画素の輝度値「31」に対する 3×3 の範囲の平均は，$(56 + 57 + 25 + 122 + 31 + 48 + 77 + 52 + 83)/9 = 61.2$ と計算できる．系列データと同様に，平均を計算する範囲を広げれば輝度値の変動をより滑らかにすることができる．このような処理のことを平均値フィルタとよぶ．

　画像の平均値フィルタを定式化しよう．画像中の各画素に対して自身を中心とした $N \times N$（以降

14	37	8	48	26	32
34	58	49	62	57	30
81	93	56	57	25	45
136	87	122	31	48	8
129	83	77	52	83	75
144	99	99	97	107	165

42	37	48	46	47	34
59	48	52	43	42	36
85	80	68	56	40	39
103	96	73	61	47	54
104	104	82	80	74	88
99	103	99	105	119	136

図 13.4　平均値フィルタの原理

N は奇数とする）の範囲の平均を計算する場合，$N \times N$ の行列 K を

$$K = \frac{1}{N^2} \begin{pmatrix} 1 & 1 & \cdots & 1 \\ \vdots & \vdots & \ddots & \vdots \\ 1 & 1 & \cdots & 1 \end{pmatrix} \tag{13.1}$$

のようにとり，$k(s,t)$ を行列 K の $(s+\lfloor N/2 \rfloor)$ 列 $(t+\lfloor N/2 \rfloor)$ 行目の要素を指す関数として，(x,y) における $N \times N$ の範囲の平均を，

$$\hat{I}(x,y) = \sum_{s=-\lfloor N/2 \rfloor}^{\lfloor N/2 \rfloor} \sum_{t=-\lfloor N/2 \rfloor}^{\lfloor N/2 \rfloor} I(x-s, y-t)k(s,t) \tag{13.2}$$

で計算する．なお，$\lfloor x \rfloor$ は x 以下の最大の整数を表す．あとで述べるように，行列 K を変更することで平均値フィルタ以外のフィルタも実現できる．

OpenCV の filter2D 関数を用いて平均値フィルタを行ってみよう．以下のコードは $N = 5$ の例である．filter2D 関数の引数 kernel にフィルタを表す 2 次元配列を指定する．引数 ddepth には出力画像のデータ型を指定する（-1 を指定すると入力と同じデータ型）．

ソースコード 13.3 平均値フィルタ

```
1  N = 5
2  K = np.ones((N,N))/N**2
3  result = cv2.filter2D(src, ddepth=-1, kernel=K)
4  plt.imshow(result, cmap='gray')
5  plt.show()
```

さまざまな N に対して平均値フィルタを実行した結果を図 13.5 に示す．N を大きくすればするほど輝度値の変動が滑らかになっていることが確認できる．

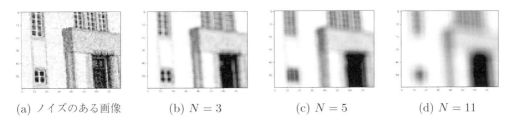

(a) ノイズのある画像 (b) $N = 3$ (c) $N = 5$ (d) $N = 11$

図 13.5 平均値フィルタの結果

畳み込み

式 (13.2) の計算は（離散）畳み込みとよばれ，畳み込みで用いられる行列 K のことを一般にフィルタ（またはカーネル）とよぶ．式 (13.2) の平均値フィルタのほかにも，さまざまなフィルタが考案されており画像に対してさまざまな処理を行うことができる．

ガウシアンフィルタ

平均値フィルタでは自身を中心とする $N \times N$ の範囲の輝度値の平均を計算していた．これに対し，同じ $N \times N$ の範囲の画素でも自身に近い位置にある画素ほど平均を計算するときの重みを大きくし，離れた画素ほど重みを小さくした重み付き平均を行う処理がガウシアンフィルタである．

ガウシアンフィルタでは,以下の関数 $k(s,t)$ を用いてカーネルを設計する.ここで σ はどの程度近い位置にある画素の輝度値を重視するかを決める分散パラメータである.大きくすればするほど離れた画素の影響が大きくなる.

$$k(s,t) = \frac{1}{W_{x,y}} \exp\left(-\frac{s^2 + t^2}{2\sigma^2}\right) \tag{13.3}$$

ここで $W_{x,y}$ は正規化の重みであり,

$$W_{x,y} = \sum_{s=-\lfloor N/2 \rfloor}^{\lfloor N/2 \rfloor} \sum_{t=-\lfloor N/2 \rfloor}^{\lfloor N/2 \rfloor} \exp\left(-\frac{s^2 + t^2}{2\sigma^2}\right)$$

となるように定める.

以下に OpenCV での利用例を示す.また,出力結果を図 13.6(b) に示す.

ソースコード 13.4 ガウシアンフィルタ

```
1 N = 5
2 sigma = 0 #  σを0に設定するとNの値から自動的に適切なものを計算する
3 result = cv2.GaussianBlur(src, (N,N), sigma)
4 # カーネルKを計算してから畳み込みを行う場合
5 K = cv2.getGaussianKernel(ksize=N, sigma=sigma)
6 result = cv2.filter2D(src, ddepth=-1, kernel=K)
7 plt.imshow(result, cmap='gray')
8 plt.show()
```

中央値フィルタ

畳み込みでは実現できない処理の例として,中央値フィルタを紹介する.中央値フィルタは,$N \times N$ の範囲の平均ではなく中央値を計算する.ごま塩ノイズとよばれる,画像中に生じる白や黒のノイズ(外れ値のようなノイズ)を除去する際に用いられる.

以下に OpenCV での利用例を示す.また,出力結果を図 13.6(c) に示す.

ソースコード 13.5 中央値フィルタ

```
1 N = 5
2 result = cv2.medianBlur(image, N)
3 plt.imshow(result, cmap='gray')
4 plt.show()
```

バイラテラルフィルタ

平均値フィルタもガウシアンフィルタも,周囲の画素との平均を計算することによって輝度値の変化を滑らかにする処理である.これらの処理の欠点として,エッジとよばれる本来輝度値の変化が急峻な領域(たとえば,物体や文字の輪郭など)についても滑らかにしてしまうという点がある.この欠点に対処したのがバイラテラルフィルタである.

バイラテラルフィルタでは,ガウシアンフィルタの性質(自身に近い位置にある画素ほど重みを大きくする)に加え,自身の輝度値に近い輝度値をもつ画素ほど重みを大きくしたフィルタを用いる.そのため,関数 k は画素の位置 (x,y) ごとに異なり,次式で与えられる.

$$k(x,y,s,t) = \frac{1}{W_{x,y}} \exp\left(-\frac{s^2 + t^2}{2\sigma_s^2}\right) \exp\left(-\frac{|I(x,y) - I(x-s, y-t)|^2}{2\sigma_c^2}\right) \tag{13.4}$$

ここで $W_{x,y}$ は正規化の重みであり，

$$W_{x,y} = \sum_{s=-\lfloor N/2 \rfloor}^{\lfloor N/2 \rfloor} \sum_{t=-\lfloor N/2 \rfloor}^{\lfloor N/2 \rfloor} \exp\left(-\frac{s^2+t^2}{2\sigma_s^2}\right) \exp\left(-\frac{|I(x,y)-I(x-s,y-t)|^2}{2\sigma_c^2}\right)$$

となるように定める．

このフィルタを用いて次式によって平滑化を行う．

$$\hat{I}(x,y) = \sum_{s=-\lfloor N/2 \rfloor}^{\lfloor N/2 \rfloor} \sum_{t=-\lfloor N/2 \rfloor}^{\lfloor N/2 \rfloor} I(x-s,y-t)k(x,y,s,t) \tag{13.5}$$

ここで，σ_s は近い位置にある画素の輝度値をどの程度重視するかを決める分散パラメータ，σ_c は自身の輝度値と相手の輝度値との近さに応じて，その画素をどの程度重視するかを決める分散パラメータである．

以下に OpenCV での利用例を示す．また，出力結果を図 13.6(d) に示す．

ソースコード 13.6　バイラテラルフィルタ

```
1  N = 15
2  sigma_c = 30
3  sigma_s = 20
4  result = cv2.bilateralFilter(src, N, sigma_c, sigma_s)
5  plt.imshow(result, cmap='gray')
6  plt.show()
```

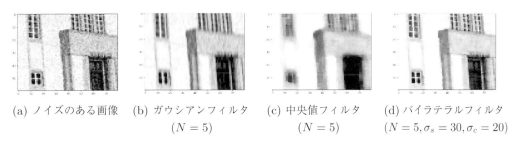

(a) ノイズのある画像　(b) ガウシアンフィルタ　(c) 中央値フィルタ　(d) バイラテラルフィルタ
$(N=5)$　$(N=5)$　$(N=5,\sigma_s=30,\sigma_c=20)$

図 13.6　平滑化の結果

13.2　さまざまなフィルタ処理

画像の微分

バイラテラルフィルタの項でみたように，物体の輪郭など輝度値の変化が急峻な領域の扱いが問題となる．そのような領域をエッジとよぶ．エッジを検出することは，物体認識や検出，領域抽出などの処理において重要な処理となる．それでは，どのようにすればエッジを検出できるだろうか．

輝度値の変化が急峻，つまり傾きが大きい場所を見つければよいので，画像を微分することで検出できそうである．ただ，画像のデジタルデータは離散的であるため，通常の微分はできない．そこで，微分の定義にならい，画像の微分に相当する演算（以降，画像の微分とよぶ）を導入しよう．

簡単のためにまずは系列データの微分からはじめる．関数 $f(x)$ の微分の定義は，

$$f'(x) = \lim_{h \to 0} \frac{f(x+h) - f(x)}{h} \tag{13.6}$$

であった．これに対し，系列データ $f[1], f[2], \ldots, f[x], \ldots$ の微分は，x が整数であることから $h = 1$ として

$$f'[x] = \frac{f[x+1] - f[x]}{1} = f[x+1] - f[x] \tag{13.7}$$

もしくは，$h = -1$ として

$$f'[x] = \frac{f[x-1] - f[x]}{-1} = f[x] - f[x-1] \tag{13.8}$$

のいずれかとするのが自然である．

　画像についても同様の操作が可能である．ただ，画像は 2 次元データであるため，x 軸方向の偏微分と y 軸方向の偏微分が存在し，それぞれ以下の式で与えられる．

$$\frac{\Delta I(x,y)}{\Delta x} = I(x+1, y) - I(x, y) \text{ もしくは } I(x, y) - I(x-1, y) \tag{13.9}$$

$$\frac{\Delta I(x,y)}{\Delta y} = I(x, y+1) - I(x, y) \text{ もしくは } I(x, y) - I(x, y-1) \tag{13.10}$$

　式 (13.9) も式 (13.10) も畳み込み演算によって実現できる．しかしながら，一般的には以下の横微分フィルタ K_x と縦微分フィルタ K_y がよく用いられる．

$$K_x = \begin{pmatrix} 0 & 0 & 0 \\ -1 & 0 & 1 \\ 0 & 0 & 0 \end{pmatrix}, \ K_y = \begin{pmatrix} 0 & -1 & 0 \\ 0 & 0 & 0 \\ 0 & 1 & 0 \end{pmatrix} \tag{13.11}$$

　以下に横微分フィルタと縦微分フィルタの OpenCV での利用例を示す．また，出力結果を図 13.7 に示す．

ソースコード 13.7　微分フィルタ

```
1  K_x = np.array([[0,0,0], [-1,0,1], [0,0,0]])
2  # (注) 微分の結果が負になる場合があるので，ddepthを浮動小数点型にする
3  diff_x = cv2.filter2D(image, ddepth=cv2.CV_64F, kernel=K_x)
4
5  K_y = np.array([[0,-1,0], [0,0,0], [0,1,0]])
6  diff_y = cv2.filter2D(image, ddepth=cv2.CV_64F, kernel=K_y)
7
8  plt.imshow(diff_x, cmap='gray')
9  plt.colorbar()
10 plt.show()
11 plt.imshow(diff_y, cmap='gray')
12 plt.colorbar()
13 plt.show()
```

ラプラシアン

　横微分フィルタと縦微分フィルタによって，x 軸方向と y 軸方向のエッジを計算することができる．エッジを計算するフィルタとして，横微分フィルタと縦微分フィルタのほかに，x 軸方向と y 軸方向の両方のエッジを計算するフィルタであるラプラシアンフィルタがある．

　数学において 2 変数関数 $f(x, y)$ のラプラシアン $\nabla^2 f(x, y)$ の定義は，

$$\nabla^2 f(x, y) = \frac{\partial^2}{\partial x^2} f(x, y) + \frac{\partial^2}{\partial y^2} f(x, y) \tag{13.12}$$

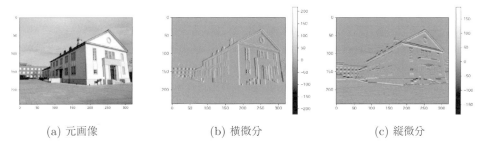

(a) 元画像　　　　　　　　　　(b) 横微分　　　　　　　　　　(c) 縦微分

図 13.7　画像の（一階）微分

で与えらえる．

　系列データ $f[x]$ に対する二階微分が，式 (13.7) と式 (13.8) を用いて，

$$f''[x] = f'[x+1] - f'[x] = (f[x+1] - f[x]) - (f[x] - f[x-1]) = f[x+1] - 2f[x] + f[x-1] \quad (13.13)$$

と表されることを用いると，画像 $I(x,y)$ のラプラシアン（に相当する操作）は，次式で与えられる．

$$\nabla^2 I(x,y) = (I(x+1,y) - 2I(x,y) + I(x-1,y))$$

$$+ (I(x,y+1) - 2I(x,y) + I(x,y-1))$$

$$= I(x+1,y) + I(x-1,y) + I(x,y+1) + I(x,y-1) - 4I(x,y) \quad (13.14)$$

　式 (13.14) も以下の 3×3 のフィルタ（ラプラシアンフィルタ）を用いた畳み込み演算によって実現できる．

$$K = \begin{pmatrix} 0 & 1 & 0 \\ 1 & -4 & 1 \\ 0 & 1 & 0 \end{pmatrix} \quad (13.15)$$

これは上下左右の画素の輝度値と自身の輝度値との差を計算し，その和をとる処理に相当する．

鮮鋭化フィルタ

　ノイズのある画像では平均値フィルタなどを用いた平滑化が有効であることを説明した．では，輪郭がボケてしまった画像をくっきりさせるにはどうすればよいだろうか．

　画像をくっきりさせるには，元画像に対して輝度値の変化を強調すればよい．先ほど説明したラプラシアンは，エッジ，すなわち輝度値の変化を計算するフィルタであった．これを利用して $\hat{I}(x,y) = I(x,y) - \nabla^2 I(x,y)$ によって画像をくっきりさせる処理（鮮鋭化）を行う．具体的には 3×3 のフィルタ（鮮鋭化フィルタ）を用いた畳み込み演算によって実現できる．

$$K = \begin{pmatrix} 0 & -1 & 0 \\ -1 & 5 & -1 \\ 0 & -1 & 0 \end{pmatrix} \quad (13.16)$$

これは自身の輝度値に，自身の輝度値と上下左右の画素の輝度値との差を加える処理に相当する．

　ソースコード 13.8 にラプラシアンと鮮鋭化のコードを示す．また，出力結果を図 13.8(b), (c) に示す．

ソースコード 13.8 ラプラシアンと鮮鋭化

```
1  K_laplacian = np.array([[0,1,0], [1,-4,1], [0,1,0]])
2  result_l = cv2.filter2D(image, ddepth=cv2.CV_64F, kernel=K_laplacian)
3
4  K_sharp = np.array([[0,-1,0], [-1,5,-1], [0,-1,0]])
5  result_s = cv2.filter2D(image, ddepth=cv2.CV_64F, kernel=K_sharp)
6  # 0～255の範囲から外れている画素があるので調整
7  result_s[ result_s < 0 ] = 0
8  result_s[ result_s > 255] = 255
9
10 plt.imshow(image, cmap='gray')
11 plt.show()
12 plt.imshow(result_l, cmap='gray')
13 plt.colorbar()
14 plt.show()
15 plt.imshow(result_s, cmap='gray')
16 plt.show()
```

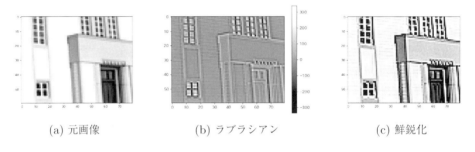

(a) 元画像   (b) ラプラシアン   (c) 鮮鋭化

図 13.8 画像のラプラシアンと鮮鋭化

13.3 周波数領域との関係

3.3 節では音声データを離散フーリエ変換を用いて周波数領域で表現する方法を学んだ. 本節では画像データについても同様に周波数領域で表現することを考えよう.

音声データの場合, データを n の関数 $\cos\left(\dfrac{2\pi kn}{N}\right)$ や $\sin\left(\dfrac{2\pi kn}{N}\right)$ の線形和で表現したことを思い出してもらいたい. 画像データの場合は, データを x, y の関数 $\cos\left(\dfrac{2\pi(ux+vy)}{N}\right)$ や $\sin\left(\dfrac{2\pi(ux+vy)}{N}\right)$ の線形和で表現することができる.

直感的な理解ができるように, 図 13.9 に画像を 3 次元表示したものを用意した. x 軸, y 軸は画像の x 軸, y 軸にそれぞれ対応し, z 軸に輝度値を対応させている. 輝度値が大きい (白い) ほど z の値が大きくなるようにしている. 図 13.10 にさまざまな $\cos\left(\dfrac{2\pi(ux+vy)}{N}\right)$ や $\sin\left(\dfrac{2\pi(ux+vy)}{N}\right)$ のグラフを示した. これらのような 2 次元空間上での波の重ね合わせにより図 13.9 のような複雑な画像が生成できるというのが基本的な考え方である.

それでは, 画像に対して (音声データと同様に) 離散フーリエ変換を行ってみよう. 1 次元系列と 2 次元データの違いはあるものの, 基本的な考え方は音声データの離散フーリエ変換と同じである.

ソースコード 13.9 に画像の離散フーリエ変換のコードを示す.

図 13.9 画像の 3 次元表示

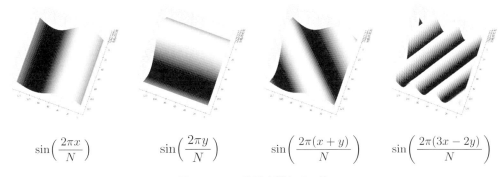

$$\sin\left(\frac{2\pi x}{N}\right) \qquad \sin\left(\frac{2\pi y}{N}\right) \qquad \sin\left(\frac{2\pi(x+y)}{N}\right) \qquad \sin\left(\frac{2\pi(3x-2y)}{N}\right)$$

図 13.10 2 次元空間上での波

ソースコード 13.9 画像の離散フーリエ変換 (1)

```
1  # （2次元）離散フーリエ変換
2  freq = np.fft.fft2(image)
3  print(freq.dtype) # フーリエ変換の結果は複素数（complex128)になる
```

ソースコード 13.10 を用いて，対数パワースペクトルを表示してみよう．

ソースコード 13.10 画像の離散フーリエ変換 (2)

```
1  # 離散フーリエ変換の結果は複素数になるので，可視化のために対数パワースペクトルに変換
2  power_spectrum = np.log(np.abs(freq))
3  # 上の結果だと低周波成分が図中の端にきて見にくいので，低周波成分が図の中央に寄るように加工
4  power_spectrum = np.fft.fftshift(power_spectrum)
5  plt.imshow(power_spectrum, cmap='gray')
6  plt.colorbar()
7  plt.show()
```

なお，パワースペクトルの強弱を 3 次元で可視化したい場合は，以下の関数を用いる．

ソースコード 13.11 パワースペクトルの 3 次元可視化

```
1  def show_image3d(data, elev=20, azim=-75):
2      x = np.arange(data.shape[1])
3      y = np.arange(data.shape[0])
4      xx,yy = np.meshgrid(x, y)
5
6      fig = plt.figure()
7      ax = fig.add_subplot(111, projection='3d')
8      ax.set_box_aspect((data.shape[1],data.shape[0],data.shape[0])) # 縦横比を設定
9      ax.view_init(elev=elev, azim=azim) # 3次元の視点角を設定
10
11     sp = ax.plot_surface(xx, yy, data, cmap='jet', vmin=None, vmax=None)
```

```
12      fig.colorbar(sp, shrink=0.5)
13      ax.invert_yaxis()
14      fig.show()
15
16  show_image3d(power_spectrum)
```

　　離散逆フーリエ変換についても同様である．画像を離散フーリエ変換してそれをさらに離散逆フー
リエ変換すると，元の画像に戻るはずである．以下に，離散逆フーリエ変換のコードを示す．

ソースコード 13.12　画像の離散逆フーリエ変換

```
1  # （2次元）離散逆フーリエ変換
2  rev_image = np.fft.ifft2(freq)
3  # 逆フーリエ変換の結果も複素数になるので，ここでは絶対値を計算
4  rev_image = np.abs(rev_image)
5  plt.imshow(rev_image, cmap='gray')
6  plt.show()
```

　　ノイズのある画像，ぼやけた画像，ノイズのない画像の 3 枚の画像に対してそれぞれ離散フーリ
エ変換を行った結果を図 13.11 に示す．離散フーリエ変換結果の中心が低周波成分に対応し，中心
から離れるほど高周波成分に対応する．注目してもらいたいのは 3 枚の結果の高周波成分である．
ノイズのない画像（図 13.11(c)）に比べ，ノイズがある画像（図 13.11(a)）の方が，高周波成分が
大きい．一方，ぼやけてしまった画像（図 13.11(b)）は高周波成分が小さい．音声データにおいて，
周波数は音の高低を表していたのに対し，画像データにおいて，周波数は模様の細かさを表す．ノ
イズのような細かい輝度値の変動は高周波成分として表され，逆に高周波成分が小さくなるとぼや
けたような画像が生成される．

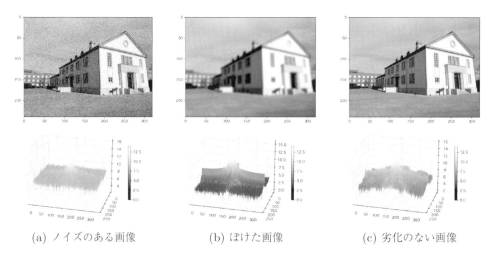

(a) ノイズのある画像　　　　　(b) ぼけた画像　　　　　(c) 劣化のない画像

図 13.11　離散フーリエ変換によって得られた対数パワースペクトル

■周波数領域におけるフィルタ■

　　ある信号 $x(n)$ と $y(n)$ に対して，$x(n)$ と $y(n)$ とを畳み込んだ結果を $g(n)$ としよう．$x(x)$, $y(n)$,
$g(n)$ の離散フーリエ変換をそれぞれ $X(k)$, $Y(k)$, $G(k)$ としたとき，

$$G(k) = X(k)Y(k) \tag{13.17}$$

が成り立つ．つまり，実空間での畳み込みは周波数領域での積に対応する．

画像に対するフィルタ処理についても同様である．画像と同様に，前節で用いたフィルタも 2 次元の平面的なパターンであり，離散フーリエ変換を行うことができる．画像 $I(x,y)$ に対してフィルタ $k(x,y)$ を畳み込んで得られた結果を $\hat{I}(x,y)$ として，$I(x,y)$，$k(x,y)$，$\hat{I}(x,y)$ の離散フーリエ変換をそれぞれ $F_I(s,t)$，$F_k(s,t)$，$F_{\hat{I}}(s,t)$ としたとき，

$$F_{\hat{I}}(s,t) = F_I(s,t)F_k(s,t) \tag{13.18}$$

が成り立つ．

3×3 の平均値フィルタと鮮鋭化フィルタを離散フーリエ変換してこの性質を確認してみよう．

まずは，平均値フィルタについて離散フーリエ変換を行ってみよう．フィルタのサイズを画像と同じサイズにしてから離散フーリエ変換を実行する．K を画像と同じサイズとし 3×3 の領域以外の要素を 0 としたフィルタは，3×3 の平均値フィルタと等価であるので，これを用いて離散フーリエ変換を実行する．

ソースコードを以下に示す．

ソースコード **13.13** 3×3 の平均値フィルタを離散フーリエ変換

```
1  filter = np.zeros(image.shape)
2  filter[-1,-1] = 1; filter[-1,0] = 1; filter[-1,1] = 1;
3  filter[0,-1] = 1; filter[0,0] = 1; filter[0,1] = 1;
4  filter[1,-1] = 1; filter[1,0] = 1; filter[1,1] = 1;
5  filter /= 9
6
7  freq_filter = np.fft.fft2(filter)
8  power_spectrum = np.abs(freq_filter)
9  power_spectrum = np.fft.fftshift(power_spectrum)
10 plt.imshow(power_spectrum, cmap='gray')
11 plt.colorbar()
12 plt.show()
13 # show_image3d(power_spectrum) # 3次元表示したい場合はこちら
```

また，結果を図 13.12(a) に示す．低周波成分は大きく，高周波成分は 0 に近いことが確認できる．

次に，鮮鋭化フィルタについても同様に離散フーリエ変換を行ってみよう．ソースコードを以下に示す．

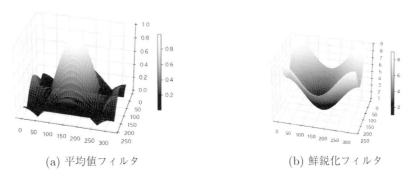

(a) 平均値フィルタ　　　　　　　　　　(b) 鮮鋭化フィルタ

図 **13.12**　平均値フィルタと鮮鋭化フィルタの離散フーリエ変換

ソースコード **13.14**　3 × 3 の鮮鋭化フィルタを離散フーリエ変換

```
1  filter = np.zeros(image.shape)
2  filter[-1,0] = -1
3  filter[0,-1] = -1; filter[0,0] = 5; filter[0,1] = -1;
4  filter[1,0] = -1
5
6  freq_filter = np.fft.fft2(filter)
7  power_spectrum = np.abs(freq_filter)
8  power_spectrum = np.fft.fftshift(power_spectrum)
9  plt.imshow(power_spectrum, cmap='gray')
10 plt.colorbar()
11 plt.show()
12 # show_image3d(power_spectrum) # 3次元表示したい場合はこちら
```

結果を図 13.12(b) に示す．平均化フィルタとは逆に，低周波成分は 1 に近く，高周波成分は大きい
ことが確認できる．

　次に，画像（図 13.13(a)）と平均値フィルタ（図 13.13(b)）それぞれを離散フーリエ変換し（図
13.13(c), (d)），要素ごとの積を計算する．その結果を図 13.13(f) に示す．元々のノイズのある画像
に存在していた高周波成分が，（高周波成分が 0 に近い）平均値フィルタとの積によって小さくなっ
ていることが確認できる．なお，これを離散逆フーリエ変換したものと，図 13.13(a) と (b) とを畳
み込んだ結果（図 13.13(e)）とは一致する．つまり，平均値フィルタは画像の高周波成分を小さく
する効果がある．

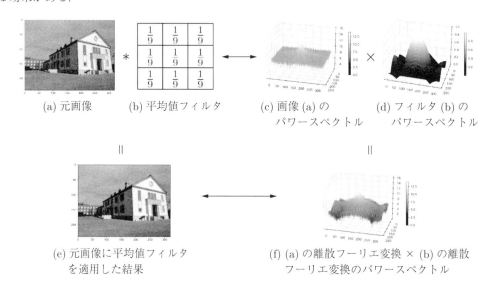

(a) 元画像　　　(b) 平均値フィルタ　　(c) 画像 (a) の　　　(d) フィルタ (b) の
　　　　　　　　　　　　　　　　　　　　　　パワースペクトル　　　パワースペクトル

(e) 元画像に平均値フィルタ　　　　(f) (a) の離散フーリエ変換 × (b) の離散
　を適用した結果　　　　　　　　　　フーリエ変換のパワースペクトル

図 13.13　平均値フィルタの効果

　一連の処理のコードを以下に示す．

ソースコード **13.15**　周波数領域で画像とフィルタを掛け算

```
1  freq_out = freq * freq_filter
2  power_spectrum = np.log(np.abs(freq_dst) + 1e-10) # log(0)
       でエラーになるのを回避するために小さな値を足してます．
3  power_spectrum = np.fft.fftshift(power_spectrum)
4  plt.imshow(power_spectrum)
5  # 周波数領域で画像とフィルタを掛け算した結果を逆離散フーリエ変換
```

```
6  output = np.fft.ifft2(freq_out)
7  output = np.abs(output)
8  plt.imshow(output, cmap='gray')
```

章 末 問 題

13-1　自分で撮影した画像に対して，さまざまな σ を用いてガウシアンフィルタとバイラテラルフィルタを適用し，その効果を確認せよ．特にエッジ付近におけるガウシアンフィルタとバイラテラルフィルタの違いを確認せよ．

13-2　カーネルに $K = \begin{pmatrix} 1 & 1 & 0 \\ 1 & 0 & -1 \\ 0 & -1 & -1 \end{pmatrix}$ を用いて畳み込みを行った結果を表示せよ．これはエンボス加工とよばれる画像処理である．

13-3　以下のコードを実行すると，画像の高周波成分（**freq** の中央から $\pm s$ の範囲）をゼロにして，逆フーリエ変換を実行した結果が表示される．s を変化させることで高周波成分をゼロにする範囲を変化させたときに，出力される画像がどのように変化するか確認せよ．自分で撮影した画像に対しても同様の処理を行い，その結果を確認せよ．

ソースコード **13.16**　高周波成分を 0 にする

```
1  freq = np.fft.fft2(image) # 画像を離散フーリエ変換
2
3  s = 50
4  freq[120-s:120+s,160-s:160+s] = 0 # 高周波成分を0にする
5  rev_image = np.fft.ifft2(freq) # 逆離散フーリエ変換
6  rev_image = np.abs(rev_image)
7  plt.imshow(rev_image, cmap='gray')
8  plt.show()
```

第 *14* 章

画像からの特徴抽出

本章の目標

- 画像からエッジを検出する方法について理解する.
- 画像から直線や円を検出する方法について理解する.
- 画像から特徴量を抽出する方法について理解する.

　画像から何か意味のある情報を取り出そうとした場合，被写体の形状や大きさ，色といった特徴を抽出することが必要になる．このような処理を特徴抽出という．本章では特徴抽出の方法について説明する.

14.1　エッジの検出

　画像に写った物体を認識する際，物体の輪郭に着目することが多い．物体の輪郭は画像中では輝度値の変化が大きい箇所として現れやすい．13.2 節で説明したように，輝度値の変化が大きい箇所はエッジとよばれ，ラプラシアンを用いてそれを強調することができる．ラプラシアンを適用したものに対し，隣り合う画素で符号が変化する箇所（ゼロ交差点とよばれる）を抽出することでエッジを得ることができる.

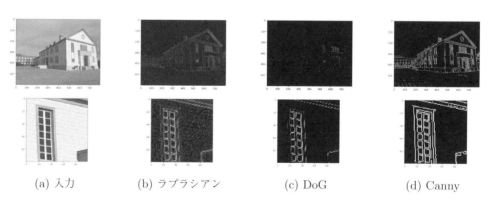

(a) 入力　　　　(b) ラプラシアン　　　　(c) DoG　　　　(d) Canny

図 14.1　エッジ検出

　図 14.1(a) の画像にラプラシアンを適用し，その絶対値を計算した結果を図 14.1(b) に示す．ラプラシアンは輝度値の変化が大きい箇所を強調する効果があるが，その結果，画像本来のエッジだけでなくノイズも強調されてしまうという問題がある．これに対し，13.1 節で説明したガウシアンフィ

ルタを適用して高周波のノイズを除去してからラプラシアンフィルタを適用することが考えらえる.
これをガウシアン・ラプラシアン (Laplacian of Gaussian, LoG) フィルタとよぶ. 実用的には計算
量を削減するため LoG フィルタとほぼ同じ関数の形状をもつ DoG (Difference of Gaussian) フィ
ルタを用いる場合が多い. DoG フィルタは 2 つの異なる σ を用いて式 (13.3) で定義したガウシア
ンフィルタを適用し, その結果の差を計算するものである.

図 14.1(c) に DoG フィルタを適用した結果を示す. 図 14.1(b) と比べて画像のノイズの影響が軽
減されていることが確認できる.

エッジを検出するもう 1 つの方法としてキャニー (Canny) 法がある. キャニー法では, 画像に対
してガウシアンフィルタを適用した後, 画像を一階微分することでエッジ強度とエッジ方向を計算
する. なお, エッジ方向とは輝度変化が最大となる方向のことであり x 軸方向の微分の強度と y 軸
方向の微分の強度から計算することができる. その後, エッジ強度が閾値 t_1 を超える画素, もしく
はエッジ強度が閾値 t_2 以上 (ここで t_2 は $t_2 < t_1$ を満たす閾値) でかつ近傍に強度が t_1 以上とな
る画素が存在する画素, をエッジとして検出する. 図 14.1(d) にキャニー法を適用した結果を示す.
ほかの手法と比べて余分なエッジが抑制されていることが確認できる.

以上のエッジ検出処理を OpenCV を使って実現するコードを以下に示す.

ソースコード 14.1 エッジ検出

```
1  import cv2
2  import numpy as np
3  import matplotlib.pyplot as plt
4
5  # ノイズに対する影響を確認するため, ガウシアンノイズを加える
6  image = cv2.imread('shigau.png', cv2.IMREAD_GRAYSCALE)
7  sigma = 5
8  noise = np.random.normal(0, sigma, image.shape)
9  image= image + noise
10
11 # 単にラプラシアンフィルタを適用したもの
12 K_laplacian = np.array([[0,1,0], [1,-4,1], [0,1,0]])
13 result_l = cv2.filter2D(image, ddepth=cv2.CV_64F, kernel=K_laplacian)
14
15 # DoGフィルタを適用したもの
16 sigma1, sigma2 = 1.3, 2.6
17 ret1 = cv2.GaussianBlur(image, (3,3), sigma1)
18 ret2 = cv2.GaussianBlur(image, (3,3), sigma2)
19 dog = ret1 - ret2
20
21 # キャニー法
22 edges = cv2.Canny(image.astype(np.uint8), 100, 200)
23
24 plt.figure(figsize=(12,8))
25 plt.subplot(2, 2, 1)
26 plt.imshow(image, cmap='gray')
27 plt.subplot(2, 2, 2)
28 plt.imshow(np.abs(result_l), cmap='gray')
29 plt.subplot(2, 2, 3)
30 plt.imshow(np.abs(dog), cmap='gray')
31 plt.subplot(2, 2, 4)
32 plt.imshow(edges, cmap='gray')
33 plt.show()
```

14.2　直線・円の検出

前節で画像からエッジを検出する処理を説明した．本節では，エッジからさらに意味のある特徴を抽出する方法として，直線や円の検出について説明する．

画像から直線を検出する方法としてハフ (Hough) 変換がある．ハフ変換の特徴として，画像中に複数の直線があっても検出できること，直線以外のノイズの影響を受けにくいことがあげられる．また，直線だけでなく円や楕円を検出できるように拡張することもできる．

まずは（直線検出用の）ハフ変換について説明しよう．x, y 平面上の直線を表す式は，$ax + by = c$ のように書ける．ただ，この式だと直線を表すための変数が a, b, c の 3 つになってしまうので，代わりに

$$\rho = x \cos \theta + y \sin \theta \tag{14.1}$$

という式を用いる．ここで，ρ は原点から直線までの距離，θ は直線に直交する線と x 軸とのなす角度であり，$(\cos \theta, \sin \theta)$ が直線の法線ベクトルを与える．パラメータ ρ と θ を指定することにより直線の式が決まる．

ここで，画像上のある 1 点 (x_1, y_1) を通る直線を考えてみよう．(x_1, y_1) を通る直線の式のパラメータ ρ と θ は，$\rho = x_1 \cos \theta + y_1 \sin \theta$ を満たす．このような ρ と θ の組合せは無数に存在するため，画像上のある 1 点を通る直線を表すパラメータは無数に存在する．図 14.2(a) に，点 $(3, 3)$ を通る直線を 6 本描画した．これら 6 本の直線を表すパラメータ ρ と θ は $\rho = 3 \cos \theta + 3 \sin \theta$ を満たす．実際にこの 6 本の直線のパラメータ ρ と θ を計算し，それを横軸を θ，縦軸を ρ とした空間（θ–ρ 空間）にプロットしたものと，曲線 $\rho = 3 \cos \theta + 3 \sin \theta$ を図 14.2(b) に示す．図 14.2(b) 中の丸が図 14.2(a) の 1 本の直線に対応する．点 $(3, 3)$ を通る直線を表すパラメータは図 14.2(b) 上の曲線上に存在することが確認できる．

これより，

- 画像上のある 1 本の直線は，θ–ρ 空間上の 1 点に対応する．
- 画像上のある 1 点を通る直線の集合は，θ–ρ 空間上の 1 つの曲線に対応する．

という関係が成り立つことがわかる．

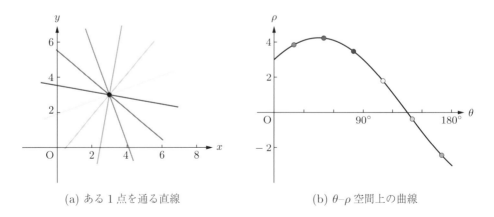

(a) ある 1 点を通る直線　　　　　　(b) θ–ρ 空間上の曲線

図 14.2　2 次元空間の 1 点と θ–ρ 空間との関係

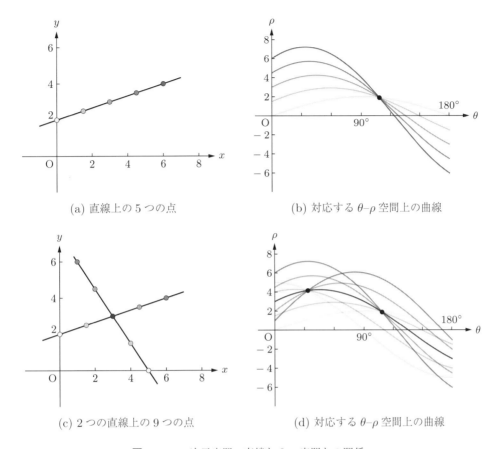

(a) 直線上の 5 つの点　　　　　　　　　(b) 対応する θ–ρ 空間上の曲線

(c) 2 つの直線上の 9 つの点　　　　　　　(d) 対応する θ–ρ 空間上の曲線

図 14.3　2 次元空間の直線と θ–ρ 空間との関係

　次に，点 (x_1, y_1) を通る直線が点 $(x_2, y_2), \ldots, (x_5, y_5)$ も通る場合を考えよう．(x_i, y_i) を通る直線の式のパラメータ ρ と θ は，$\rho = x_i \cos\theta + y_i \sin\theta$ を満たすため，5 つの連立方程式 $\rho = x_i \cos\theta + y_i \sin\theta$ $(i = 1, \ldots, 5)$ を解くことで，直線のパラメータを得ることができる．図 14.3(a) 上に示された 5 つの点に対応する θ–ρ 空間上の曲線を図 14.3(b) に示す．図 14.3(b) の曲線 1 本が図 14.3(a) の丸の 1 個を通る直線の集合に対応する．図より，5 つの曲線が 1 点で交わっていることがわかる．この交点が図 14.3(a) の 5 つの点を通る直線を表すパラメータに対応する．

　また，図 14.3(c) のように直線が 2 つ存在する場合，図 14.3(c) 上に示された 9 つの点に対応する θ–ρ 空間上の 9 本の曲線を描画すると，図 14.3(d) に示すように 5 つの曲線が交わっている箇所が 2 か所存在することがわかる．同様に画像中に N 本の直線が存在する場合は θ–ρ 空間に多くの曲線が交わる箇所が N 箇所存在するはずである．

　ハフ変換はこの性質を利用して画像中の複数の直線を検出するアルゴリズムである．具体的には以下の手順で直線検出を行う．

1. θ–ρ 空間を適当な間隔 $(\Delta\theta, \Delta\rho)$ で分割し，θ–ρ 空間を表す 2 次元配列を用意する．2 次元配列の各要素を 0 で初期化する．

2. 画像中の特徴点（エッジなど）に対し，その座標 (x, y) から θ–ρ 空間の曲線（式 (14.1)）を計算する．$\theta = 0, \Delta\theta, 2\Delta\theta, \cdots$ に対して式 (14.1) を用いて ρ を計算し，θ–ρ 空間上の曲線上

の各点に対応する 2 次元配列の要素に 1 を加える．これをすべての特徴点に対して行う．

3. 2 次元配列の要素の中で値が事前に定めた閾値 L 以上でかつ，極大値となる要素を抽出する．この要素に対応する (θ, ρ) を直線のパラメータとして用いる．

同一直線 $\rho = x \cos\theta + y \sin\theta$ 上にある L 個の点から計算される θ–ρ 空間上の L 本の曲線は 1 点 (θ, ρ) で交わるため，上の手順 2 で計算された 2 次元配列の要素の中で値が L 以上のものを抽出すれば，L 個以上の特徴点からなる直線のパラメータを得ることができる．ただし，値が L 以上のものをすべて抽出してしまうと，ある直線からほぼ同じ位置・傾きの直線も検出されてしまう．これに対処するため，θ–ρ 空間上で極大値となるものだけを抽出する．

このような手順により複数の極大値を抽出すれば，画像中の複数の直線を検出することができる．また，直線を構成しない特徴点が多少存在したとしても，その特徴点に対応する曲線は θ–ρ 空間上でほかの曲線が交わっている点は通らないため，直線検出には大きな影響を与えない．そのため直線以外のノイズの影響を受けずに直線を検出できる．

ハフ変換を OpenCV を使って実装しよう（ソースコード 14.2）．ここでは，`cv2.HoughLinesP` 関数を用いる．

`cv2.HoughLinesP` では ρ の刻み幅 $\Delta\rho$，θ の刻み幅 $\Delta\theta$，直線として検出するための L の閾値，画像中の線分を直線として検出する最低の長さ，同一直線状にある線分が複数存在する場合にそれを 1 つの線分として扱うための閾値（2 つの線分間の距離が閾値以内であれば一続きの線分とみなす）を順に設定する．実行結果を図 14.4 に示す．

ソースコード 14.2 ハフ変換による直線検出

```
1  # 変数 edgeはキャニー法でエッジ検出した結果
2  lines = cv2.HoughLinesP(edges, rho=1, theta=np.pi/180, threshold=100, minLineLength=50, maxL
       ineGap=5)
3  print(f'{lines.shape[0]}本の線分が検出されました')
4
5  disp = image.copy()
6  for l in lines: # 検出された各線分ごとに繰り返し
7      x0, y0, x1, y1 = l[0]
8      # 点(x0,y0)と点(x1,y1)とを結ぶ線分を画像に書き込む
9      cv2.line(disp, (x0,y0), (x1,y1), color=(255), thickness=2)
10
11 plt.imshow(disp, cmap='gray')
12 plt.show()
```

ハフ変換は直線だけでなく円や楕円などの形状を検出する際にも用いることができる．たとえば，円を検出したい場合，式 (14.1) の代わりに円の方程式 $(x-a)^2 + (y-b)^2 = r^2$ を用い，θ–ρ 空間の代わりに (a, b, r) の 3 次元空間を用いれば直線検出と同様のアルゴリズムで円を検出することができる．OpenCV では `cv2.HoughCircles` 関数を用いることで円を検出することができる．

14.3 点特徴

エッジ検出や直線・円検出は画像から特徴的な線を抽出する手法であった．では画像から特徴的な点，たとえば顔認識を行う際に必要な目尻や口角に対応するような点，を抽出するにはどうすればよいだろうか．画像の中から画像認識に役に立ちそうな特徴的な点を抽出する処理をキーポイン

図 14.4 *ハフ変換の実行例*

ト検出とよび，キーポイント検出によって得られた点（キーポイントとよぶ）の特徴を数値化する処理を特徴量記述とよぶ．

画像上のそれぞれの画素には1つ（カラー画像の場合でも RGB の3つ）の輝度値しかないので，それだけではキーポイントかどうかを判断することは難しく，特徴量としても不十分である．そこで，周囲の画素の情報を含めてキーポイント検出と特徴量記述を行う必要がある．以下ではキーポイント検出と特徴量記述を行う手法の1つである SIFT (Scale Invariant Feature Transform) 法について説明する．

SIFT 法はスケール不変性 (Scale Invariant) を有する特徴を抽出する手法である．スケール不変性とは，画像を拡大縮小しても特徴が変化しない性質のことであり，これにより，画像上で物体の見た目の大きさが変化したとしても安定して特徴が抽出できるという利点がある．

▍キーポイント検出▍

画像に対し複数の分散パラメータ σ $(\sigma, k\sigma, k^2\sigma, k^3\sigma, \ldots)$ を用いてガウシアンフィルタを適用する（図 14.5(a)）．この処理により画像を複数のレベルでぼやけさせることができる．

分散パラメータ σ を用いてガウシアンフィルタを適用した画像を G_σ としよう．次に，$G_{k^{i+1}\sigma}$ と $G_{k^i\sigma}$ の差分，すなわち DoG を計算する（図 14.5(b)）．

$$D_{k^i\sigma} = G_{k^{i+1}\sigma} - G_{k^i\sigma}$$

模様のない壁や，空の部分などの変化の乏しい場所については DoG の値が0に近くなる．

最後に，ある $D_{k^i\sigma}$ 上の画素 $D_{k^i\sigma}(x, y)$ に対し，$D_{k^i\sigma}$ 上でのその画素の 3×3 の近傍，および，その上下の画像 $D_{k^{i-1}\sigma}, D_{k^{i+1}\sigma}$ における 3×3 の近傍，合計26個の近傍の画素（図 14.5(c)）と比較する．$D_{k^i\sigma}(x, y)$ が近傍の26個の画素の値と比べて最大または最小であればその画素を極値点として抽出する．これをキーポイント[1]とする．$D_{k^i\sigma}$ から得られるキーポイントのことをスケール $k^i\sigma$ のキーポイントとよぶ．さまざまなスケールでのキーポイントを得ることで，画像の大まかな構造に対応するキーポイントから，細かい構造に対応するキーポイントまで幅広く検出することができる．

---

[1] 実際の処理ではさらにコントラストなどを用いてキーポイントを絞り込む処理が続くが本書では説明を省略する．

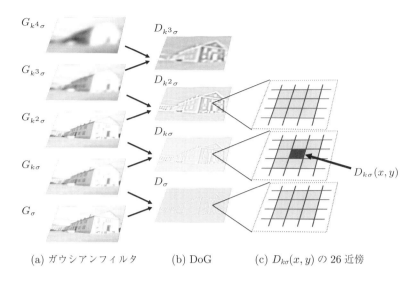

(a) ガウシアンフィルタ　　　(b) DoG　　　(c) $D_{k\sigma}(x,y)$ の 26 近傍

図 14.5 キーポイントの検出

▮ 特徴量の記述 ▮

　検出されたキーポイントに対し，そのキーポイントを表現する特徴量を計算する．その際，画像の回転や拡大縮小に対して不変な特徴量を得ることが望ましい．

　そこで，キーポイントの向きを定義してこれを計算し，その向きを基準として特徴量を計算する．画像の回転によって被写体の向きが変わったとしても，キーポイントの向きを基準として特徴量を計算しておくことで画像の回転に対して不変な特徴量を得ることができる．

　キーポイントが $D_{k^i\sigma}$ から得られたとしよう．分散パラメータ $k^i\sigma$ のガウシアンフィルタを適用した画像 $G_{k^i\sigma}$ に対し 13.2 節の式 (13.11) で説明した横微分フィルタと縦微分フィルタを適用して一階微分を計算する（図 14.6(b)）．

　次に，座標 (x,y) における横微分フィルタの結果 $f_u(x,y)$，縦微分フィルタの結果 $f_v(x,y)$ を用いて，(x,y) におけるエッジ強度とエッジ方向を次式で計算する（図 14.6(c)）．

$$m(x,y) = \sqrt{f_u(x,y)^2 + f_v(x,y)^2} \tag{14.2}$$

$$\theta(x,y) = \tan^{-1}\left(\frac{f_v(x,y)}{f_u(x,y)}\right) \tag{14.3}$$

　キーポイントを中心とした周辺の画素のエッジ強度とエッジ方向を用いて，キーポイントの向きを計算する．キーポイントの方向の計算に用いる周辺の画素はキーポイントのスケールによって決定する．スケールが大きいほど広い範囲の画素を用いる．キーポイント周辺の画素について，エッジ方向の重み付きヒストグラムを階級幅を 10° として作成する．重み付きヒストグラムの重みにはエッジ強度を用いる．これを方向ヒストグラムとよぶ．図 14.6(d) の例では，向きが 8 時方向 (−120°) のエッジの強度が最大となっていることが確認できる．方向ヒストグラムの度数の最大値を d_{max} としたとき，度数が $0.8 \times d_{max}$ 以上でかつ，隣接する階級の度数よりも度数が大きい階級を抽出し，その階級値をキーポイントの向きとする．なおヒストグラムによっては複数の向きが得られる場合がある．

　ここまでの処理によって，キーポイントの向きを計算することができた．次に，キーポイントの特

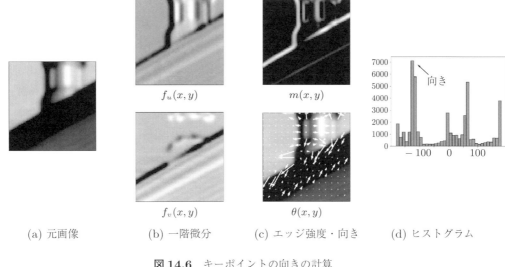

$f_u(x, y)$ $m(x, y)$

$f_v(x, y)$ $\theta(x, y)$

(a) 元画像 (b) 一階微分 (c) エッジ強度・向き (d) ヒストグラム

図 14.6 キーポイントの向きの計算

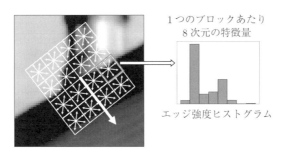

1 つのブロックあたり
8 次元の特徴量

エッジ強度ヒストグラム

図 14.7 キーポイントの特徴量の計算

徴量を計算する．まず，図 14.7 のようにキーポイントの向きに合わせて正方形の領域を定め，その正方形の領域をさらに 4×4 のグリッドに分割する．分割した各グリッドに対し，階級幅を 45°（8 つのビン）として方向ヒストグラムを作成する．このヒストグラムの度数分布を特徴量とする．これにより，各グリッドから 8 次元の特徴量が得られ，グリッド数が 4×4 であるため合計 8×4×4 = 128 次元の特徴量を得ることができる．

　以上の処理によって得られる特徴量を SIFT 特徴量とよぶ．輝度値そのものではなく，画素の一階微分を特徴量として用いるため，画像の全体の明るさの変動などに対して不変な特徴量となる．また，特徴量を計算する際，正方形の領域をキーポイントの向きに合わせて設定しているため，被写体の 2 次元的な向きに対しても不変であり，正方形の領域の大きさをガウシアンフィルタの $k^i \sigma$ に応じて決定するため，被写体の大きさに対しても不変である．

　OpenCV による SIFT 法の実装例を以下に示す[2]．3 行目の `detectAndCompute` 関数でキーポイントの検出と特徴量の計算を行っている．戻り値の `keypoints` にはキーポイントの座標や向きなどの情報が，`descriptors` には特徴量が格納されている．`cv2.drawKeypoints` 関数でキーポイントを画像に描画している．

---

[2] OpenCV の古いバージョンでは 5 行目の `cv2.SIFT_create()` でエラーが出る場合がある．その場合は代わりに `cv2.xfeatures2d.SIFT_create()` を用いること．

ソースコード 14.3　SIFT 特徴量の計算

```
1  image = cv2.imread('shigau.png', cv2.IMREAD_GRAYSCALE)
2  SIFT = cv2.SIFT_create()
3  keypoints, descriptors = SIFT.detectAndCompute(image, None)
4  print(f'{len(keypoints)}個のキーポイントが検出')
5  print(f'1つ目のキーポイントの位置と向き：{keypoints[0].pt},{keypoints[0].angle}')
6  # print(descriptors[0]) # 1つ目のキーポイントの特徴量（128次元ベクトル）
7  disp = cv2.drawKeypoints(image, keypoints, None, flags=cv2.DRAW_MATCHES_FLAGS_DRAW_RICH_KEYP
       OINTS)
8  plt.imshow(disp)
9  plt.show()
```

　実行結果を図 14.8 に示す．図中に表示されている各円の中心がキーポイントの座標，円の中心からの線がキーポイントの向きを表している．また，円の大きさはキーポイントのスケール $k^i\sigma$ を表す．建物窓のような細かい構造については小さなスケールのキーポイントが検出されており，建物の大まかな構造については大きなスケールのキーポイントが検出されていることが確認できる．

図 14.8　SIFT 実行例

■ 応用：道路標識の検出 ■

　SIFT 法を利用して画像から道路標識を検出してみよう．図 14.9(a) の画像[3]に対して，一時停止の標識（図 14.9(b)）[4]を検出したい．

　まずは，ソースコード 14.3 と同様に，図 14.9(a), (b) からキーポイントと特徴量を計算する．

ソースコード 14.4　道路標識の検出 (1)

```
1  image = cv2.imread('roadscene.png', cv2.IMREAD_GRAYSCALE)
2  sign = cv2.imread('stopsign.png', cv2.IMREAD_GRAYSCALE)
3
4  SIFT = cv2.SIFT_create()
5  keypoints, descriptors = SIFT.detectAndCompute(image, None)
6  s_keypoints, s_descriptors = SIFT.detectAndCompute(sign, None)
7  disp = cv2.drawKeypoints(image, keypoints, None, flags=cv2.DRAW_MATCHES_FLAGS_DRAW_RICH_KEYP
       OINTS)
8  s_disp = cv2.drawKeypoints(sign, s_keypoints, None, flags=cv2.DRAW_MATCHES_FLAGS_DRAW_RICH_K
       EYPOINTS)
```

---

[3] 画像は https://github.com/schwalbe1996/ds_media_intro/raw/main/roadscene.png よりダウンロードできる．

[4] 画像は https://github.com/schwalbe1996/ds_media_intro/raw/main/stopsign.png よりダウンロードできる．

(a) 路上シーン

(b) 標識

(c) 対応付け結果

図 14.9 道路標識の検出

```
 9  plt.imshow(disp)
10  plt.show()
11  plt.imshow(s_disp)
12  plt.show()
```

この例では，図 14.9(a) の画像から 3844 個，図 14.9(b) の標識から 130 個のキーポイントが検出される．標識から検出された 130 個のキーポイントそれぞれに対して，図 14.9(a) の 3844 個のキーポイントの中で最も特徴量が近いものと 2 番目に特徴量が近いものを探す．この処理は k 近傍法とよばれる手法で実現できる．k 近傍法の詳細については次章で説明する．次のコードを実行すると，変数 match に 1 番目と 2 番目に特徴量が近いキーポイントの情報が格納される．3〜7 行目では，(a) 標識のキーポイントと 1 番目に近いキーポイントの特徴量の距離と，(b) 標識のキーポイントと 2 番目に近いキーポイントの特徴量の距離とを比較して，(a) が (b) の 0.7 倍よりも小さいもののみを選択し，good 変数に格納している．8〜11 行目では，good 変数に格納されたキーポイントの情報を用いて，標識のキーポイントと画像のキーポイントの対応点を表示している．

ソースコード 14.5 道路標識の検出 (2)

```
 1  flann = cv2.FlannBasedMatcher(dict(algorithm=1, trees=5), dict(checks=50))
 2  matches = flann.knnMatch(s_descriptors, descriptors, k=2)
 3  good = []
 4  for best, second in matches:
 5      if best.distance < 0.7*second.distance:
 6          good.append([best])
 7  print(f'{len(good)}個の対応点が見つかりました')
 8  for m in good:
 9      s_pt = s_keypoints[m[0].queryIdx].pt
10      pt = keypoints[m[0].trainIdx].pt
11      print(f'標識:{s_pt}⇒画像:{pt}')
```

```
24 個の対応点が見つかりました
標識:(58.99085998535156, 57.95745849609375) ⇒画像:(330.6435852050781, 231.5103759765625)
標識:(71.95259857177734, 57.86744689941406) ⇒画像:(338.6299133300781, 231.6786651611328)
標識:(74.23967742919922, 40.31135940551758) ⇒画像:(338.9075622558594, 222.1922149658203)
 (略)
```

最後に drawMatchesKnn 関数を用いてキーポイントとその対応を表示してみよう．結果を図 14.9(c) に示す．

ソースコード 14.6　キーポイントとその対応の表示

```
1  disp = cv2.drawMatchesKnn(sign, s_keypoints, image, keypoints, good, None)
2  plt.imshow(disp)
3  plt.show()
```

標識の「止まれ」の文字付近のキーポイントを用いて道路標識が検出できていることが確認できる．

章 末 問 題

14-1　12.2 節で用いた画像[5]に対して，キャニー法を用いてエッジを検出し，さらにハフ変換を用いて直線を検出せよ．

14-2　ある画像に対し，その画像を (1) 45°回転させた画像，(2) 縦横ともに 50 % に縮小した画像，に対して SIFT 法を用いて特徴量を抽出し，得られるキーポイントの位置・向きや数を比較せよ．

14-3［発展］　ソースコード 14.4 と 14.5 を参考にして，2 つの画像[6][7]に対して，SIFT 法を用いて特徴量を抽出し，それらの特徴量を用いて画像の対応点を検出せよ．2 つの画像間の対応点から 12.3 節で紹介した平面射影変換行列を計算し，右の画像を変形することで，左の画像と合成できる（図 14.10 参照）．これを実現せよ．

図 14.10　画像の貼り合わせ

---

[5] 画像は https://github.com/schwalbe1996/ds_media_intro/raw/main/sudoku.png よりダウンロードできる．
[6] 画像は https://github.com/schwalbe1996/ds_media_intro/raw/main/left.png よりダウンロードできる．
[7] 画像は https://github.com/schwalbe1996/ds_media_intro/raw/main/right.png よりダウンロードできる．

第 **15** 章

画像データの機械学習

本章の目標

- 機械学習による画像認識の仕組みについて理解する.
- 最近傍法を用いた画像認識の仕組みについて理解する.
- 畳み込みニューラルネットワークの仕組みについて理解する.

15.1 画像認識の概要

　パターン認識とは，画像や音声といったパターンとよばれるデータを，あらかじめ定められた複数のクラスのうちの1つに分類する処理のことを指し，画像認識はパターン認識の一種である. 本章では画像認識の仕組みを手書き数字の認識を題材として理解しよう. 手書き数字の認識の場合，パターンとは数字を撮影した画像データのことを指し，クラスは，「0」から「9」までの10種類の数字である. つまり，数字の認識は画像を10種類の数字のうちの1つに分類する処理である.

　コンピュータによるパターン認識を実現するためには，大きく分けて2つの要素が必要となる.

　まず，パターンから識別の手がかりとなるような情報を数値化して抽出する処理が必要となる. この数値化された情報を特徴量とよび，一般的には多次元ベクトル（特徴ベクトル）で表現する. 画像を構成する各画素は0〜255の輝度値をもち，そこから認識に役に立ちそうな特徴量を計算する必要がある.

　もう1つの要素として，識別規則を構築し，識別規則に基づいて入力された特徴ベクトルをクラスに分類する処理（クラス識別）が必要となる. 識別規則を構築する方法として教師あり学習がある. 認識における教師あり学習では，事前にパターンとそれに対応するクラスの組を学習データとして用意する. 数字認識の場合は，数字を表す画像データから得られる特徴ベクトルとそれに対応する正解の数字のペアが学習データとなる. そして，対応するクラスがわからない新たなパターンが入力されたときに，それに対応するクラスを出力する識別規則を構築する. 数字認識に限らず，現在実用化されているパターン認識の多くは，この教師あり学習を用いたものである.

　以降では，MNIST データセットとよばれる手書き数字画像を集めたデータを対象として，「0」から「9」までの数字を認識する処理を実践しよう.

■MNIST データセット

　MNIST 手書き数字データセットは，60,000 枚の教師用画像と 10,000 枚のテスト用画像からなる

図 15.1　MNIST データセット

手書き数字認識用のデータセットである（図 15.1）．画像はすべて $28 \times 28 = 784$ 画素のモノクロ画像であり，各画素には $0 \sim 255$ までの輝度値が格納されている．なお，各画像には「0」から「9」までの数字のうちいずれか 1 つが描かれている．

　特徴量として最も単純でかつ何の工夫もない方法は，画像の輝度値をそのまま特徴量とみなして用いる方法である．

　15.2 節ではこのようにして得られた特徴量から最近傍法とよばれる手法を用いて識別規則を構築する．一方，輝度値をそのまま特徴量として用いる方法ではエッジの有無のような画像の特徴的な構造をうまく活用することができない．これに対して，第 13 章で学んだ畳み込みを用いれば，画像から特徴的な構造をうまく抽出することができる．15.3 節では，畳み込みを利用した識別手法である畳み込みニューラルネットワークを紹介し，画像の構造を考慮した画像認識を実践する．

15.2　最近傍法による手書き数字認識

　クラス識別の手法として最近傍法と k 近傍法を紹介しよう．最近傍法とはその名のとおり，最も「近い」ものを利用する手法であり，対応するクラスがわからない新たなパターンが入力されたときに，そのパターンに最も「近い」ものを学習データの中から探索し，探索された最も近い学習データが属するクラスを認識結果とする方法である．認識を行うたびに学習データを探索する必要があるという問題はあるものの[1]，シンプルではあるが有効な方法である．また，k 近傍法とは，学習データの中から最も「近い」ものを k 個探索し，この k 個の学習データが属するクラスの多数決によって認識を行う方法である．$k = 1$ の場合が最近傍法に対応する．

　図 15.2 を使って最近傍法の仕組みを説明しよう．学習データ中の各画像から d 次元の特徴ベクトルが得られているとする．学習データ中の i 番目の画像の特徴ベクトルを $\boldsymbol{x}^i = (x_1^i, \ldots, x_d^i)$，この画像が属するクラスを y^i（y^i は 0 から 9 の値のいずれか）とする．図 15.2 は $d = 2$ として数字の 5 と 6 の画像データを 2 次元特徴空間上に配置したものである．それぞれの画像が d 次元の空間（特

---

[1]　この探索を高速化する手法も開発されている．

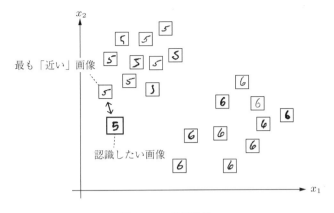

図 15.2 最近傍法

徴空間とよぶ）上の 1 点に対応する．ここで，認識したい画像から特徴ベクトル $\boldsymbol{x}$ を得，これを 2 次元特徴空間上に配置してみよう（図 15.2 の太枠の画像）．最近傍法では，特徴空間上で最も近い位置にある学習データ画像の y（図 15.2 の場合「5」）を認識結果として出力する．

最近傍法を MNIST データセットに対して適用してみよう．まず，各画像を d 次元ベクトル $\boldsymbol{x}$ で表す．MNIST 画像は 28×28 画素のモノクロ画像であるが，これを左上から x 軸，y 軸の順に 784 個の輝度値を一列に並び替えることにより $d = 784$ 次元のベクトルを得，これをそのまま特徴ベクトルとして用いる[2]．

最近傍法を用いるためには 2 つの画像がどれくらい「近い」のかを計算する必要がある．さまざまな方法があるが，ここでは 8.1.2 項で説明したコサイン類似度を用いて 2 つの画像間の近さを計算する．2 つの d 次元ベクトル $\boldsymbol{x}_1$ と $\boldsymbol{x}_2$ とのコサイン類似度 $\cos(\boldsymbol{x}_1, \boldsymbol{x}_2)$ は次式で表される．

$$\cos(\boldsymbol{x}_1, \boldsymbol{x}_2) = \frac{\boldsymbol{x}_1 \cdot \boldsymbol{x}_2}{|\boldsymbol{x}_1||\boldsymbol{x}_2|} \tag{15.1}$$

この値が大きいほど $\boldsymbol{x}_1$ と $\boldsymbol{x}_2$ とが近いことを表す．

では，k 近傍法を python で実行してみよう．OpenML のサイト[3]より MNIST データセットをダウンロードし（ソースコード 3 行目），それを学習用（60,000 枚）とテスト用（10,000 枚）に分ける．

ソースコード 15.1 MNIST データの読み込みまで

```
1  from sklearn.datasets import fetch_openml
2  from sklearn.model_selection import train_test_split
3  mnist = fetch_openml('mnist_784', data_home=".")
4  Xtrain, Xtest, Ytrain, Ytest = train_test_split(mnist.data, mnist.target, train_size=60000,
       random_state=0)
```

次に，k 近傍法のクラス識別を行うモデル (KNeighborsClassifier) を構築する．最近傍法となるよう n_neighbors を 1 とし，metric に cosine を指定してコサイン類似度を使用するように設定する．

---

[2] 14.3 節で説明した SIFT 特徴量など，輝度値をそのまま用いるよりもっと良い特徴も考えられるが今回は簡単のためこの 784 次元ベクトルをそのまま特徴ベクトルとして使おう．

[3] https://www.openml.org/

ソースコード 15.2　最近傍法モデルの構築

```
1  from sklearn.neighbors import KNeighborsClassifier
2  model = KNeighborsClassifier(n_neighbors=1, metric='cosine')
3  model.fit(Xtrain, Ytrain)
```

Xtest に対して予測を実行してみよう．model.predict 関数を呼び出すだけでよい．

ソースコード 15.3　予測

```
1  Ypred = model.predict(Xtest)
2  print(Ypred[:10]) # 最初の 10 個の予測を出力
3  print(Ytest.to_numpy()[:10]) # 最初の 10 個の正解を出力
```

```
['0' '4' '1' '2' '7' '9' '7' '1' '1' '7']
['0' '4' '1' '2' '7' '9' '7' '1' '1' '7']
```

最後に混同行列と精度を表示してみよう．混同行列は（クラス数）×（クラス数）の行列であり，混同行列の i 行 j 列の値は，正しくは i 番目のクラスであるテストデータが j 番目のクラスと認識された個数を表す．すなわち行列の対角成分が正しく認識できたサンプルの数となる．また，精度は（正しく認識できた画像枚数）／（全画像枚数）で表される．

ソースコード 15.4　精度評価

```
1  from sklearn.metrics import confusion_matrix, accuracy_score
2  print(confusion_matrix(Ytest,Ypred))
3  print(accuracy_score(Ytest,Ypred))
```

実行結果を示す．各行（各列）は順に「0」「1」... 「9」のクラスを表す．

```
[[ 990    1    0    1    0    0    3    0    1    0]
 [   0 1137    2    0    0    0    0    1    0    1]
 [   6    0 1015    2    1    0    2    4    8    2]
 [   1    1   10  968    0   10    0    5   14    4]
 [   1    2    1    0  940    1    0    3    1   13]
 [   1    0    1    7    0  833   16    0    2    3]
 [   3    1    0    0    1    4  979    0    1    0]
 [   1    7    5    0    2    0    0 1040    0    9]
 [   1    9    0    9    1    7    4    0  927    5]
 [   1    3    0    4   10    1    1    6    2  941]]
0.977
```

これより 97.7 ％と高い性能を示していることがわかるが，誤認識のうち 4 行目のクラス（数字の「3」）を 9 列目のクラス（数字の「8」）としたものが 14 個と最も多くなっていることが確認できる．

15.3　ニューラルネットワークを用いた手書き数字の認識

画像認識を実現するニューラルネットワークとして広く用いられているものが畳み込みニューラルネットワークである．畳み込みニューラルネットワークは，第 9 章で説明したニューラルネットワークに，画像の特徴を抽出するための畳み込み層とプーリング層を追加したものである．

復習を兼ねて，深層学習ライブラリである PyTorch を使ってニューラルネットワークを実装してみよう．まず，MNIST のデータセットを利用できるようにする．

ソースコード 15.5   MNIST データの読み込みまで

```
1  import torch
2  from torchvision import datasets
3  from torchvision.transforms import ToTensor
4  from torch.utils.data import DataLoader
5  from torch import nn
6
7  batch_size=32
8  training_data = datasets.MNIST('data', train=True, download=True, transform=ToTensor())
9  test_data = datasets.MNIST('data', train=False, download=True, transform=ToTensor())
10 train_dataloader = DataLoader(training_data, batch_size, shuffle=True)
11 test_dataloader = DataLoader(test_data, batch_size)
```

train_dataloader は学習用データ，test_dataloader はテスト用データを出力するデータロー
ダーである．次のコードを実行すると，データローダーから 28×28 の 1 チャンネルの画像 32 枚と
それに対応する正解ラベルを変数 x，y として取り出すことができる．

ソースコード 15.6   データローダーの動作確認

```
1  x,y = next(iter(test_dataloader))
2  print(x.shape, y.shape)
3  print(y[0]) # 1つ目の画像の正解ラベルを表示
```

```
torch.Size([32, 1, 28, 28]) torch.Size([32])
tensor(7)
```

次に，ニューラルネットワークを定義する．

ソースコード 15.7   ニューラルネットワークの定義

```
1  class MyModel(nn.Module):
2      def __init__(self):
3          super().__init__()
4          self.middle = nn.Sequential(
5              nn.Linear(784, 256),
6              nn.Sigmoid()
7          )
8          self.last = nn.Linear(256, 10)
9
10     def forward(self, x):
11         out = x.reshape(x.size(0), -1)
12         out = self.middle(out)
13         out = self.last(out)
14         return out
```

11 行目で $1 \times 28 \times 28$ の画像データを 784 次元のベクトルに変形し，12 行目で最初の層の計算，13
行目で（活性化関数の前までの）2 つ目の層の計算を行っている．4～7 行目が最初の層の定義であ
り，784 次元の入力を $M = 256$ 次元の出力に変換し，活性化関数としてシグモイド関数を用いてい
る．8 行目は 2 つ目の層の定義であり，256 次元の入力を 10 次元の出力に変換している．

　上で定義したモデルを用いて学習を行うコードを以下に示す．

ソースコード **15.8**　3 層ニューラルネットワークの学習

```
1  # GPUが使える場合は GPUを使う
2  device = "cuda" if torch.cuda.is_available() else "cpu"
3
4  model = MyModel().to(device)
5  loss_func = nn.CrossEntropyLoss() # 損失関数にクロスエントロピーを用いる
6  optimizer = torch.optim.Adam(model.parameters(), lr=1.0e-4) # 最適化手法に Adamを用いる
7
8  epochs = 10 # エポック数の設定. 学習データを epochs回繰り返し用いる.
9  for epoch in range(epochs):
10     train_loss = 0
11     test_loss = 0
12     correct = 0
13     # 学習部分
14     model.train()
15     for i, (X,y) in enumerate(train_dataloader):
16         X = X.to(device)
17         y = y.to(device)
18
19         model.zero_grad()
20         y_pred = model(X)
21         loss = loss_func(y_pred, y)
22         loss.backward()
23         optimizer.step()
24
25         train_loss += loss.item()
26         train_loss /= len(train_dataloader)
27     # テストデータを用いて損失と正解率を計算
28     model.eval()
29     for i, (X,y) in enumerate(test_dataloader):
30         X = X.to(device)
31         y = y.to(device)
32
33         y_pred = model(X)
34         loss = loss_func(y_pred, y)
35         test_loss += loss.item()
36         correct += (y_pred.argmax(dim=1) == y).sum().item()
37
38     test_loss /= len(test_dataloader)
39     correct /= len(test_dataloader.dataset)
40     print('Epoch:', epoch, 'Train Loss:', train_loss, 'Test Loss:', test_loss, 'Accuracy:',
       correct)
```

```
Epoch: 0 Train Loss: 0.0002782664577645613 Test Loss: 0.5413404859304428 Accuracy: 0.8801
(略)
Epoch: 9 Train Loss: 8.263097174939405e-05 Test Loss: 0.18998162045842037 Accuracy: 0.9442
```

10 エポックの学習により, テストデータに対する精度が約 94.4 % となった.

次に, テストデータを用いて予測を行うコードを以下に示す.

ソースコード **15.9**　テスト用データを用いて予測

```
1  x,y = next(iter(test_dataloader))
2  model.eval()
3  x = x.to(device)
4  pred = model(x).argmax(dim=1).cpu() # 予測部分
5  print(y[0:10]) # 最初の 10個の正解ラベルを出力
6  print(pred[0:10]) # 最初の 10個の予測を出力
```

15.3.1　畳み込みニューラルネットワーク

第 13 章でとりあげた畳み込みの処理をニューラルネットワークに組み込んだものが畳み込みニューラルネットワークである．畳み込みニューラルネットワークは，畳み込み処理を行う層を含めた多層構造をしており，さまざまなフィルタを用いた畳み込み処理を繰り返すことで，画像認識に有用な特徴を抽出する．

なお，畳み込みに用いるフィルタの選定は，人間が設計するのではなく，学習データを用いて自動的に決定される．つまり，畳み込みニューラルネットワークでは特徴抽出と識別規則の構築をまとめて行っている．

畳み込みニューラルネットワークは，畳み込み層，プーリング層，全結合層からなる．

畳み込み層では，多チャンネルの 2 次元データ（たとえば RGB の 3 チャンネルのカラー画像）を入力とし，フィルタを用いて畳み込み処理を行う．1 チャンネルの画像の畳み込みについては第 13 章の式 (13.2) で説明したが，カラー画像のように複数のチャンネルからなる画像の場合はどうなるだろうか．チャンネル数 ch の画像を 3 次元配列 $I(c, x, y)$ $(c = 1, \ldots, \mathrm{ch})$ で表す．これに対するフィルタも 3 次元配列 $k(c, x, y)$ で表され，その畳み込み処理は以下の式で表される．

$$I'(x, y) = \sum_{c=1}^{c=\mathrm{ch}} \sum_{s=-\lfloor N/2 \rfloor}^{\lfloor N/2 \rfloor} \sum_{t=-\lfloor N/2 \rfloor}^{\lfloor N/2 \rfloor} I(c, x - s, y - t) k(c, s, t) \tag{15.2}$$

一般的に，畳み込み層では複数のフィルタを用いて畳み込み処理を行うため，畳み込み層の出力も多チャンネルの 2 次元データとなる．また，フィルタ $k(c, x, y)$ のパラメータは学習データを用いて決定される．

プーリング層は多チャンネルの畳み込み層の出力を入力として受け取り，多チャンネルの画像を出力する層である．プーリング層の中でも最もよく用いられている最大値プーリングでは，ch 個のチャンネルをもつサイズ $W \times H$ の多チャンネル画像を入力として受け取り，これを $d \times d$ の小領域に分割して各小領域の最大値を計算する．最大値プーリングの出力は元の画像の $1/d$ 倍のサイズの画像，つまり ch 個のチャンネルをもつサイズ $W/d \times H/d$ の多チャンネル画像となる．なお，d をプーリング層のサイズという．

全結合層は，3 層ニューラルネットワークの中間層や出力層と同じく多次元ベクトルを入力として受け取り，その線形和に活性化関数を適用した結果を出力する層である．

PyTorch による畳み込みニューラルネットワークの例を以下に示す．

ソースコード 15.10　畳み込みニューラルネットワークの定義

```
 1  class MyModel(nn.Module):
 2      def __init__(self):
 3          super().__init__()
 4          self.layer1 = nn.Sequential(
 5              nn.Conv2d(1, 6, 5),
 6              nn.ReLU(),
 7              nn.MaxPool2d(2, 2)
 8          )
 9          self.layer2 = nn.Sequential(
10              nn.Conv2d(6, 16, 5),
11              nn.ReLU(),
12              nn.MaxPool2d(2, 2)
```

```
13           )
14           self.fc1 = nn.Sequential(
15               nn.Linear(16*4*4, 120),
16               nn.ReLU()
17           )
18           self.fc2 = nn.Sequential(
19               nn.Linear(120, 84),
20               nn.ReLU()
21           )
22           self.fc3 = nn.Linear(84, 10)
23
24       def forward(self, x):
25           out = self.layer1(x) # 6x12x12
26           out = self.layer2(out) # 16x4x4
27           out = out.reshape(out.size(0), -1)
28           out = self.fc1(out)
29           out = self.fc2(out)
30           out = self.fc3(out)
31           return out
```

このコードにより，以下のようなネットワークが定義される．

1. サイズ $\times 5 \times 5$ の 6 個の異なるフィルタを適用し，6 チャンネルの画像を生成する．活性化関数として ReLU を用いる．

2. 得られた画像に対して，サイズ 2×2 の最大値プーリングを行い，半分のサイズの画像を生成する．

3. さらに 6 チャンネルをもつサイズ $\times 5 \times 5$ の 16 個の異なるフィルタを適用し，16 チャンネルの画像を生成する．活性化関数として ReLU を用いる．

4. 得られた画像に対して，サイズ 2×2 の最大値プーリングを行い，半分のサイズの画像を生成する．

5. ここまでの処理によりサイズ 4×4 の 16 チャンネルの画像が得られる．これを $4 \times 4 \times 16 = 256$ 次元のベクトルとみなし，全結合層によって 120 個の出力を得る．

6. 前の処理での 120 個の出力から全結合層により 84 個の出力を得る．

7. 前の処理での 84 個の出力から全結合層により 10 個の出力を得る．

以上の処理により，サイズ 28×28 の画像から 10 個の出力を得る．この 10 個の出力にさらに softmax 関数を適用したものを各クラスに属するスコアとする．

ソースコード 15.7 の代わりにソースコード 15.10 を用い，再度ソースコード 15.8 を実行して学習した結果を示す．

```
Epoch: 0 Train Loss: 0.0001609240467358102 Test Loss: 0.250653709308765 Accuracy: 0.9236
(略)
Epoch: 9 Train Loss: 2.2276902707995605e-05 Test Loss: 0.053680156828454 Accuracy: 0.9833
```

10 エポックの学習により，テストデータに対する精度が約 98.3 ％ となった．

畳み込みニューラルネットワーク内部での動作を確認するために，図 15.3(a) の入力に対する，一番目の畳み込み層の出力（6 チャンネル分）と 2 番目の畳み込み層の出力（16 チャンネル分）を図 15.3(b)，(c) に示す．畳み込み層によって数字の画像からさまざまな特徴を抽出していることが確認できる．

(a) 入力画像

(b) 1 番目の畳み込み結果

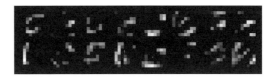

(c) 2 番目の畳み込み結果

図 15.3　畳み込み層の出力

Vision Transformer # Column

　画像認識の分野では長い間畳み込みニューラルネットワークが使われてきたが，最近は第 10 章で紹介した Transformer をベースにしたモデル Vision Transformer (ViT) が高い性能を示している．ViT の詳細な説明については割愛するが，簡単に説明すると，ViT では画像を小さなブロック単位に分割し，各ブロックを（自然言語処理における）単語のように扱っている．これにより，畳み込みニューラルネットワークが得意な画像の局所的な特徴だけでなく，画像の大局的な特徴もとらえやすくなる性質がある．

章 末 問 題

15-1　ソースコード 15.10 の epoch の値を 50 まで増やして，各エポックにおける Train Loss と Test Loss の値の変化を調べよ．

15-2　ソースコード 15.10 で定義したモデルを改良して，テストデータに対する正解率の向上を試みよ．

15-3　ソースコード 15.5 の最後の 4 行を以下のコードで置き換えると MNIST データセットの代わりに，Fashion-MNIST データセットを用いることができる．Fashion-MNIST データに対して画像認識を行う畳み込みニューラルネットワークを学習し，その精度を調べよ．

ソースコード 15.11　Fashion-MNIST

```
1 training_data = datasets.FashionMNIST('data', train=True, download=True, transform=ToTenso
    r())
2 test_data = datasets.FashionMNIST('data', train=False, download=True, transform=ToTensor())
3 train_dataloader = DataLoader(training_data, batch_size, shuffle=True)
4 test_dataloader = DataLoader(test_data, batch_size)
```

索　引

著者紹介

市川　治　（いちかわ　おさむ）

　1988 年　東京大学大学院工学系研究科航空学専攻修士課程修了（工学修士）
　　　　　　日本アイ・ビー・エム株式会社入社
　2008 年　奈良先端科学技術大学院大学情報科学研究科情報処理学専攻
　　　　　　博士後期課程修了　博士（工学）
　2018 年　滋賀大学データサイエンス学部 教授
　2024 年　滋賀大学データサイエンス学部 学部長
　　　　　　現在に至る
　執筆担当　第 0 章～第 5 章

飯山　将晃　（いいやま　まさあき）

　2003 年　京都大学大学院情報学研究科知能情報学専攻博士後期課程指導認定退学
　　　　　　京都大学学術情報メディアセンター 助手
　2006 年　京都大学博士（情報学）
　　　　　　京都大学大学院経済学研究科 講師
　2015 年　京都大学学術情報メディアセンター 准教授
　2021 年　滋賀大学データサイエンス学部 教授
　　　　　　現在に至る
　執筆担当　第 11 章～第 15 章

南條　浩輝　（なんじょう　ひろあき）

　2004 年　京都大学大学院情報学研究科知能情報学専攻博士後期課程修了
　　　　　　京都大学博士（情報学）
　　　　　　龍谷大学理工学部情報メディア学科 助手
　2007 年　龍谷大学理工学部情報メディア学科 助教
　2015 年　京都大学学術情報メディアセンター 准教授
　2022 年　滋賀大学データサイエンス学部 教授
　　　　　　現在に至る
　執筆担当　第 6 章～第 10 章

データサイエンス大系

音声・テキスト・画像のデータサイエンス入門

| 2024 年 3 月 20 日 | 第 1 版　第 1 刷　印刷 |
| 2024 年 4 月 1 日 | 第 1 版　第 1 刷　発行 |

著　者	市　川　　治
	飯　山　将　晃
	南　條　浩　輝
発 行 者	発　田　和　子
発 行 所	株式会社　学術図書出版社

〒113−0033　東京都文京区本郷 5 丁目 4 の 6
TEL 03−3811−0889　振替　00110−4−28454
印刷　三美印刷（株）